지구를 살리는 친구 01

꼬물꼬물 세균대왕
미생물이 지구를 지켜요

초판 1쇄 발행 2007년 11월 20일 | 초판 13쇄 발행 2024년 3월 29일
글쓴이 김성화·권수진 | 그린이 박재현
펴낸이 홍석 | 이사 홍성우 | 편집부장 이정은 | 편집 정미진·조유진 | 디자인 권영은·김영주 | 외주디자인 이해림
마케팅 이송희·김민경 | 제작 홍보람 | 관리 최우리·정원경·조영행·김지혜
펴낸곳 도서출판 풀빛 | 등록 1979년 3월 6일 제2021-000055호
주소 서울특별시 강서구 양천로 583 우림블루나인 A동 21층 2110호
전화 02-363-5995(영업) 02-362-8900(편집) | 팩스 070-4275-0445
전자우편 kids@pulbit.co.kr | 홈페이지 www.pulbit.co.kr
블로그 blog.naver.com/pulbitbooks | 인스타그램 instagram.com/pulbitkids

ⓒ김성화·권수진, 박재현 2007

ISBN 978-89-7474-631-5   73470

이 도서의 국립중앙도서관 출판예정도서목록(CIP)은 서지정보유통지원시스템 홈페이지(http://seoji.nl.go.kr)와
국가자료종합목록 구축시스템(http://kolis-net.nl.go.kr)에서 이용하실 수 있습니다. (CIP제어번호 : CIP2007003444)

*이 책 내용의 일부 또는 전부를 재사용하려면 반드시 저작권자와 풀빛 양측의 동의를 얻어야 합니다.
*책값은 뒤표지에 있습니다.
*파본이나 잘못된 책은 구입하신 곳에서 바꿔드립니다.

품명 아동 도서	사용연령 9세 이상	제조국 대한민국	제조년월 2024년 3월 29일	제조자명 도서출판 풀빛	연락처 02-363-5995
주소 서울특별시 강서구 양천로 583 우림블루나인 A동 21층 2110호					
주의사항 종이에 베이거나 긁히지 않도록 조심하세요. 책 모서리가 날카로우니 던지거나 떨어뜨리지 마세요.					
KC마크는 이 제품이 공통안전기준에 적합하였음을 의미합니다.					

꼬물꼬물
세균대왕
미생물이 지구를 지켜요

김성화·권수진 글 | 박재현 그림

차례

1 세균 종족이 지구에 나타났어요
옛날 옛날에 괴물이 탄생했어요 ●10
세균의 정체를 밝혀라 ●14
옷감 장수 레벤후크가 세균을 보았어요! ●16
어디에나 세균이 살고 있어요 ●22

2 세균이 광합성을 발명했어요
우리는 절대 죽지 않아! ●26
유전자 좀 나눠 줄까? ●28
세균의 똥이 하늘로 올라가 오존층이 되었어요 ●32
살아남기 대작전 ●36
변신하고 변신하라! ●38
공주와 고블린 ●42
세균이 우주를 떠돌아다녀요 ●50

3 지구는 세균과 아메바와 곰팡이 천지예요

세균 종족의 친척들을 소개합니다 ● 56
아메바는 지구에서 두 번째로 오래되었어요 ● 60
호호백발 할머니 곰팡이 ● 66
왕도둑 바이러스 ● 72
세균의 집 ● 78
대장균 이야기 ● 84

4 세균으로 병을 막는다

파스퇴르가 전염병의 비밀을 밝혔어요 ● 90
병균으로 병을 막는다니! ● 98
곰팡이 약국이 생겼어요 ● 104

5 미생물은 지구의 정원사예요

세균과 곰팡이가 똥을 먹어 치워요 ● 112
비료 제조공 뿌리혹박테리아 ● 116
탕탕탕! 미생물에게 지구 개척자 상을 수여합니다! ● 120

이 책에 나오는 미생물과 과학자들 ● 126

으하하하! 드디어 우리 종족의 이야기를 자랑스럽게 큰 소리로 말할 수 있게 되었습니다! 내 언젠가 반드시 이런 날이 올 줄 알았지요. 우리 종족이 환한 햇빛 속에 만천하에 드러날 그런 날이 말이에요. 아, 그동안 우리 세균 종족이 얼마나 부당한 대접만 받아 왔는지! 음침하고 더럽고 축축한 곳에 산다고 손가락질당하고, 음식을 상하게 하고 병을 일으킨다는 불명예만 안고 살았지요. 우리 세균 종족뿐 아니라 아메바와 곰팡이 종족의 처지도 우리와 다를 바 없습니다.

우리는 1억 년 전 공룡 시대에도 살았고, 5억 년 전 삼엽충 시대에도 살았습니다. 우리는 맨 처음 지구에 생겨났고 광합성을 발명했으며 지금도 더러운 물, 축축한 땅, 쓰레기 더미 속에서 열심히 일합니다. 우리 종족을 연구하고 우리에게 정당한 명예를 되돌려 준 훌륭한 과학자들에게 감사를 드리며, 이제부터 길고 긴 우리 종족의 이야기를 들려드리겠습니다.

세균 종족이 지구에 나타났어요 1

옛날 옛날에 괴물이 탄생했어요

자, 어디서부터 우리 종족의 이야기를 시작할까요. 주인공이 등장하는 세상 모든 이야기를 따라 우리의 이야기도 세균의 시조가 탄생한 날부터 시작해야 하겠지요. 그런데 우리 시조의 탄생에 관한 비밀은 아직 완전히 밝혀지지 않았어요. 과학자들도 어렴풋이 추측할 뿐이지요.

우리 종족의 이야기는 머나먼 옛날로 거슬러 올라갑니다. 천 년도

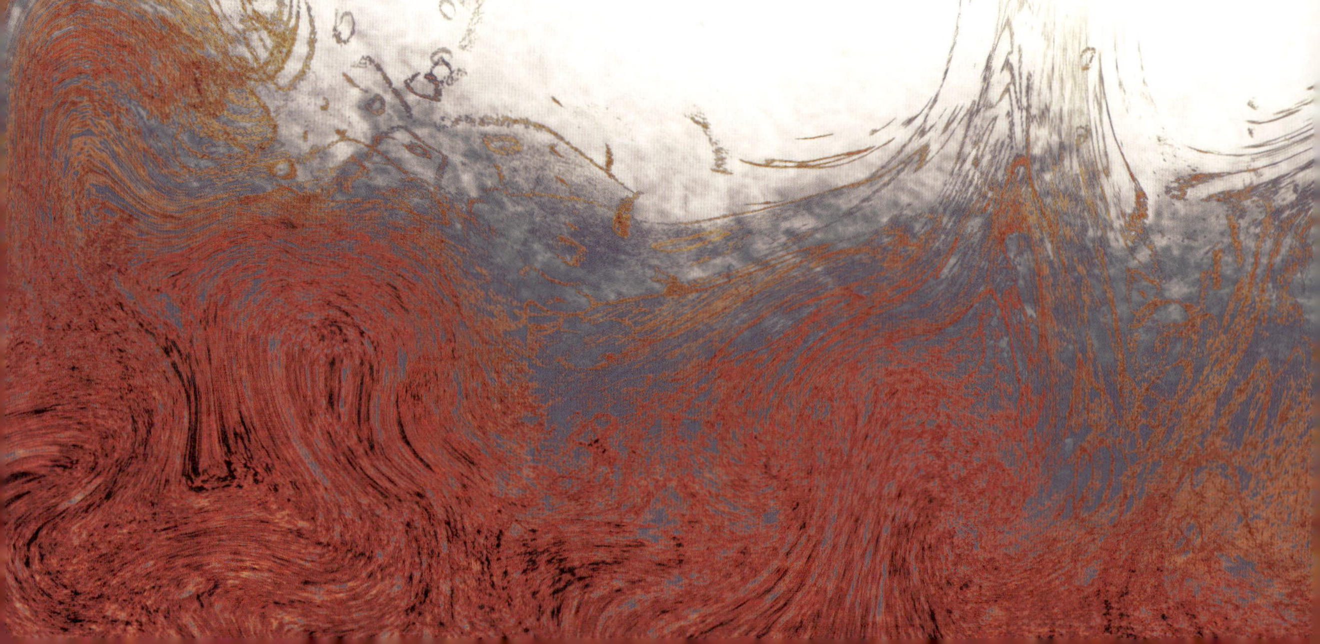

아니고, 천만 년도 아니고, 천만 년을 자그마치 380번이나 거슬러 올라가는 아득한 옛날 지구에 세균이 나타났어요.

　세균이 맨 처음 지구에 살기 시작했을 때는 지구에 사람이 살지 않았습니다. 사람은커녕 개미 한 마리도 없었지요. 세균들은 상상도 할 수 없을 만큼 까마득한 옛날에 무시무시한 곳에서 태어났습니다. 은하계 한 귀퉁이에 태양이 생기고, 지구가 생기고, 달이 생기고 얼마 지나지 않았을 때였어요. 날마다 화산이 폭발하고 하늘은 시커먼 독가스로 뒤덮이고, 지구 전체가 거대한 용광로처럼 뜨거웠을 때, 부글부글 끓는 뜨거운 바닷속 화산 깊은 곳에서 세균이 올라왔어요. 지구에 최초로 살아 있는 그 무엇인가가 나타난 거지요.

　맨 처음 어떻게 그 일이 일어났는지는 아무도 모릅니다. 어떤 과학자는 세균이 머나먼 우주에서 날아왔다고 하고, 어떤 과학자는 지구에서 저절로 생겨났다고 합니다. 그런가 하면 어떤 사람들은 하느님

  이 우주와 함께 만들었다고 믿고 있어요.
   세균이 어떻게 탄생하게 되었는지 연구를 하면 할수록 과학자들은 점점 더 미궁에 빠졌어요. 세균 탄생의 비밀을 파헤치려고 세상에서 가장 똑똑한 생물학자와 화학자와 지질학자와 천문학자와 수학자와 물리학자가 머리를 맞대고 씨름을 했습니다. 하지만 아무도 그 비밀을 속 시원히 밝혀내지 못했어요. 이 일은 어쩌면 여러분과 같은 미래의 과학자들을 위해 남겨진 근사한 일거리인지도 모릅니다.

세균의 정체를 밝혀라

과학자들은 아주 최근에야 세균의 정체를 알게 되었습니다. 세균은 38억 년 동안 지구에서 살아남았어요. 지구에서 세균만큼 오래된 생물은 없습니다.

사람들은 세균을 대수롭지 않게 생각합니다. 사람들은 괴기스런 세균의 정체를 모른 채 살고 있지요. 세균을 연구하는 과학자들 말고는 아무도 우리 세균을 괴이한 생물이라고 생각하지 않습니다.

물론 우리 세균들은 이를 갉아 먹고 병을 일으킵니다. 하지만 이것은 세균에 관한 아주 작은 진실일 뿐이에요. 우리는 사람들이 알고 있는 것보다 훨씬 더 괴기스럽고 유서 깊고 단순하면서도 복잡하고 심오하고 심지어 철학적이기까지 하답니다.

세균은 세상에서 가장 작은 생물이에요. 세균 한 마리는 너무 작아서 아무리 시력이 좋은 사람이라도 맨눈으로 볼 수 없습니다. 얼마나 작은지 10,000,000,000,000마리쯤 똘똘 뭉쳐 있어야 겨우 구슬 크기로 보일 정도이지요. 세균 한 마리는 크기가 0.001mm보다 조금 크거나 작아서 눈으로 직접 확인하려면 현미경으로 들여다보아야 합니다.

옷감 장수 레벤후크가 세균을 보았어요!

1674년, 네덜란드의 어느 조그만 마을에 레벤후크라는 옷감 장수가 살았습니다. 레벤후크는 옷감이나 단추를 사고팔았고, 자기가 살고 있는 마을을 위해 여러 가지 일을 맡아 하며 바쁘게 지냈습니다. 레벤후크는 공부를 많이 한 사람은 아니었지만, 특별한 취미가 있었어요. 바로 현미경 만들기였지요. 어느 날 레벤후크는 썩 훌륭한 현미경을 만들었습니다. 그러느라 렌즈를 600개나 갈고 닦아야 했지요.

레벤후크는 호기심이 발동했습니다. 레벤후크는 옷감 장수였으니 맨 먼저 옷감을 들여다보았어요.

그다음에는 파리와 올챙이와 핏방울을 관찰했습니다. 그러다가 하루는 연못으로 뛰어가 물을 한 컵 떠 와서는 물 한 방울을 현미경에 올려놓고 들여다보았지요. 그런데 이게 어떻게 된 일일까요?

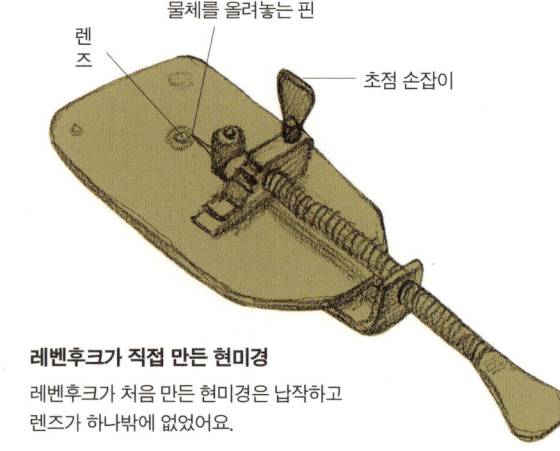

레벤후크가 직접 만든 현미경
레벤후크가 처음 만든 현미경은 납작하고 렌즈가 하나밖에 없었어요.

눈에 보이지 않는 작디작은 생물들이 꼼지락거리며 처음으로 사람의 눈앞에 그 모습을 드러냈습니다. 레벤후크는 세상에 그런 것이 있는 줄은 상상도 못했어요.

　물방울 속에서 조그만 괴물들이 빙빙 돌며 춤을 추었습니다. 한 마리도 아니고, 두 마리도 아니고, 자그마치 수천 마리씩이나! 레벤후크는 지금까지 그렇게 작은 생물에 대해 책에서 본 적도 없고, 누구한테 들은 적도 없었어요.(훗날 이 작은 생물은 물속에 살고 있는 조그만 원생생물이라는 것이 밝혀졌습니다.)

세상에! 이게 다 뭐지?

안토니 반 레벤후크(1632~1723)
취미로 과학을 공부하고 맨 처음 세균을 발견했어요.

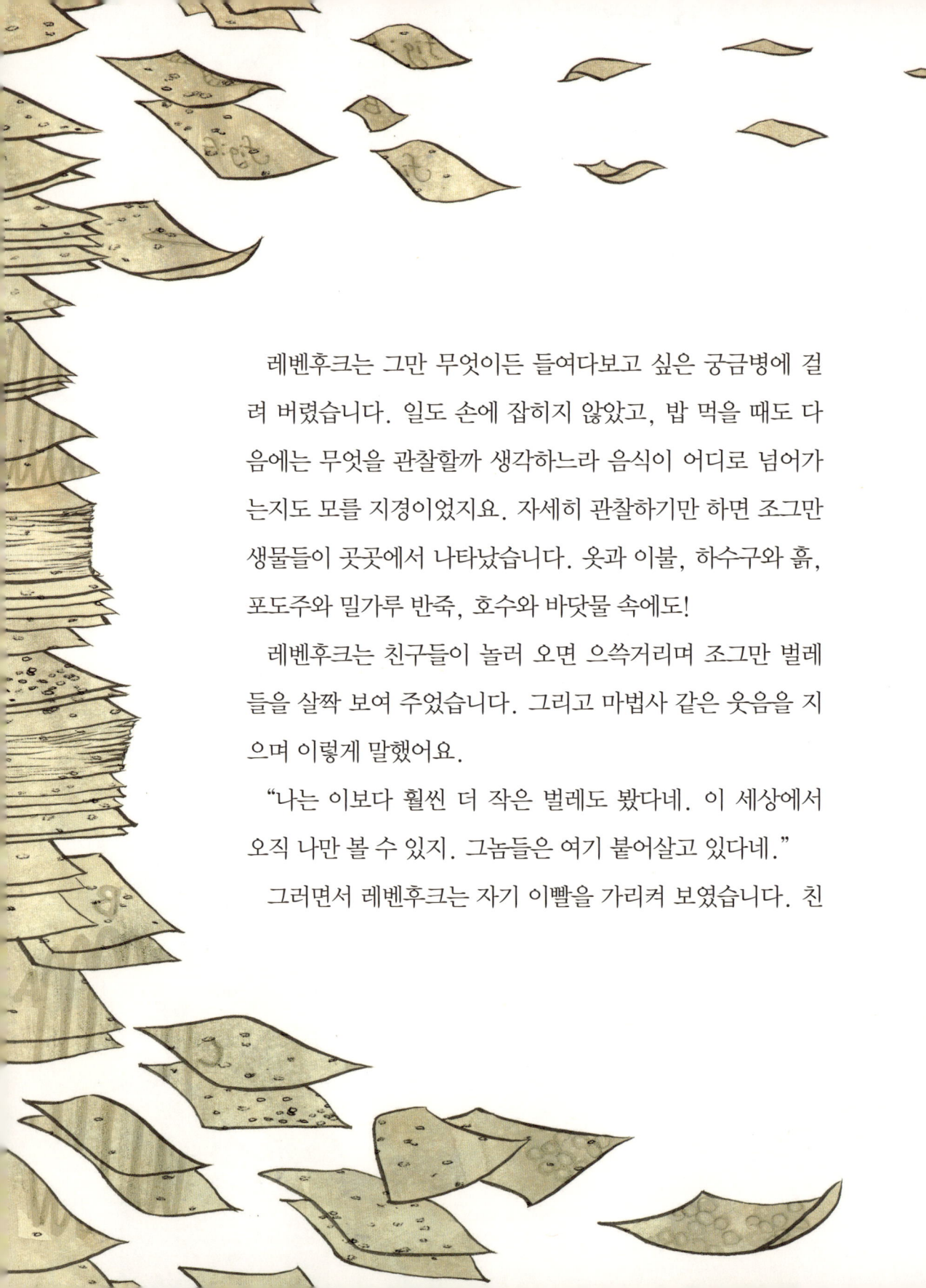

레벤후크는 그만 무엇이든 들여다보고 싶은 궁금병에 걸려 버렸습니다. 일도 손에 잡히지 않았고, 밥 먹을 때도 다음에는 무엇을 관찰할까 생각하느라 음식이 어디로 넘어가는지도 모를 지경이었지요. 자세히 관찰하기만 하면 조그만 생물들이 곳곳에서 나타났습니다. 옷과 이불, 하수구와 흙, 포도주와 밀가루 반죽, 호수와 바닷물 속에도!

레벤후크는 친구들이 놀러 오면 으쓱거리며 조그만 벌레들을 살짝 보여 주었습니다. 그리고 마법사 같은 웃음을 지으며 이렇게 말했어요.

"나는 이보다 훨씬 더 작은 벌레도 봤다네. 이 세상에서 오직 나만 볼 수 있지. 그놈들은 여기 붙어살고 있다네."

그러면서 레벤후크는 자기 이빨을 가리켜 보였습니다. 친구들은 망측한 얼굴로 이빨을 쳐다보았어요. 레벤후크는 신이 나서 과학자들에게 편지를 썼습니다. 조그만 벌레들의 생김새도 꼼꼼히 그려 넣었지요. 그렇게 쓴 편지가 2년 동안 190통이나 되었어요. 덕분에 눈에 보이지 않는 작은 생물들이 어떻게 발견되었는지 지금까지 자세히 전해지고 있지요. 사람들은 1676년 성탄절 다음 날에 쓴 편지를 아주 중요하게 생각하는데, 바로 사람이 최초로 세균을 발견한 이야기가 씌어 있기 때문이에요.

　레벤후크는 후춧가루를 뿌린 물을 관찰하고 나서, 지금까지 현미경으로 본 어떤 벌레보다 더 작은 것을 보았다고 신이 나서 편지를

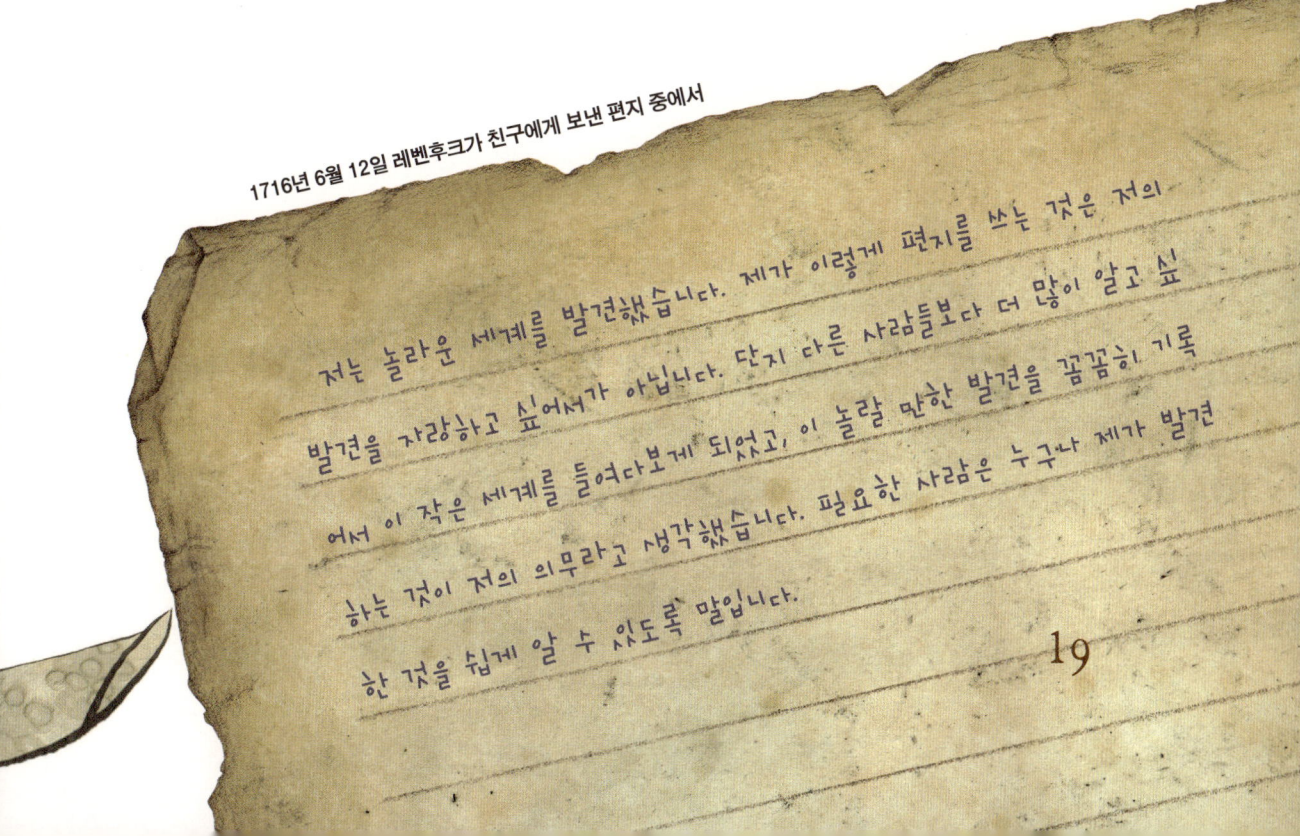

1716년 6월 12일 레벤후크가 친구에게 보낸 편지 중에서

저는 놀라운 세계를 발견했습니다. 제가 이렇게 편지를 쓰는 것은 저의 발견을 자랑하고 싶어서가 아닙니다. 단지 다른 사람들보다 더 많이 알고 싶어서 이 작은 세계를 들여다보게 되었고, 이 놀랄 만한 발견을 꼼꼼히 기록하는 것이 저의 의무라고 생각했습니다. 필요한 사람은 누구나 제가 발견한 것을 쉽게 알 수 있도록 말입니다.

썼습니다. 레벤후크는 그것이 자기가 본 작은 생물들 가운데 하나라고 생각했지만 레벤후크가 그린 것은 바로 우리들, 세균이었답니다!

이렇게 해서 레벤후크는 눈에 보이지 않는 작은 생물들의 세계를 맨 처음 세상에 알린 사람이 되었습니다. 그런데 과학자들이 레벤후크의 이야기를 믿었을까요?

과학자들은 레벤후크가 본 것이 살아 있는 생물이라고 믿지 않았습니다! 도대체 현미경이란 물건을 믿을 수 없고, (이때만 해도 과학자들은 현미경을 허깨비를 보여 주는 요상한 물건쯤으로 생각했지요.) 게다가 레벤후크는 과학자도 아니고 옷감 장수일 뿐이라고 빈정댔습니다. 과학자들은 차라리 용이나 마녀, 유령을 믿는 쪽을 택했을 거예요. 모든 과학자들이 그랬던 것은 아니지만 많은 과학자들이 레벤후크를 무시했습니다.

　레벤후크는 슬프고 속이 상했어요. 하지만 누가 뭐래도 작은 생물들은 절대로 가짜가 아니었지요. 암 그렇고말고요!

　'눈으로 볼 수 없는 작은 세상이 있다는 것을 사람들은 왜 모를까?'

　레벤후크는 자신이 아무도 모르는 자연의 비밀을 들여다보고 있다고 생각했어요. 넓고 넓은 우주 어딘가에 사람들이 보지 못한 별들이 수없이 빛나고 있는 것처럼 눈에 보이지 않는 작은 생명체들이 자연에 숨어 있다고 말이에요. 과학자들이 뭐라고 하던 레벤후크는 죽을 때까지 눈에 보이지 않는 작은 생물들을 찾고 세상에 알리며 살았습니다.

어디에나 세균이 살고 있어요

우리 종족은 이렇게 하여 세상에 알려졌습니다. 사람들은 우리를 세균이라고 불렀어요. 현미경으로 보면 우리들은 대부분 동글동글하고, 길쭉길쭉하고, 소용돌이 모양이고, 별처럼 생겼습니다. 너무나도 작아서 다르게 생겨 보려야 생겨 볼 수가 없습니다. 우리는 눈, 코, 입, 귀가 없고 팔이나 다리도 없습니다. 하지만 우리 세균들도 먹는 것을 좋아하고, 똥 누고, 잠자고, 여행하고, 결혼하고 때로는 나쁜 짓을 합니다. 음식물을 썩게 만들고, 물건을 망가뜨리고, 병을 일으키기도 하지요. 그러나 사람들은 우리가 눈에 보이지도 않고 우리의 정체도 알 수 없었기 때문에 그런 일이 일어나면 악마나 유령의 짓이라고 생각했습니다.

그러나 세균은 결코 나쁜 짓만 하지 않습니다! 흙을 기름지게 하고, 음식물을 잘 소화시키도록 도와주고, 나쁜 병에 걸리지 않도록 지켜 줍니다. 사람들은 이런 것을 전혀 눈치채지 못하고, 나쁜 일이 일어났을 때만 악마의 짓이니 유령의 짓이니 하고 떠들어 댔습니다. 나쁘다느니 좋다느니 하는 말도 사람들이 마음대로 붙였을 뿐입니다. 우리 세균들은 그런 말에 콧방귀도 뀌지 않습니다. 그저 우리 좋은 대로 살 뿐이지요. 사람들에게 좋으면 좋은 세균이 되고, 사람들에게 나쁘면 나쁜 세균이 된다니, 이 얼마나 웃기는 일인지!

   세균은 세상 모든 곳에 살고 있습니다. 산과 바다, 호수와 웅덩이, 공기와 깊은 땅속에도 살고 있지요. 인간 세상에서도 초강력 접착제처럼 착 달라붙어 살고 있습니다. 욕실에, 부엌에, 신발장에, 가방 속에, 발가락에, 머리카락에, 입속에, 배 속에 달라붙어 꼼지락꼼지락 우글우글 무리 지어 살고 있지요.

앗! 조심하세요.
여러분이 손가락을 빨면 한 번에
수억 마리 세균이 입속으로
빨려 들어갑니다.

세균이 광합성을 발명했어요 2

우리는 절대 죽지 않아!

　세균은 기상천외한 생물이에요. 세균이 얼마나 이상한 생물인지 안다면 여러분은 깜짝 놀랄 것입니다. 세균은 영원히 살 수 있습니다! 세균은 늙는다는 것이 무엇인지 모릅니다. 동물과 식물은 태어나고 자라고 늙어서 죽습니다. 하지만 우리 세균들의 세계에서는 노화되거나 기력이 없어져서 죽는 일이 결코 없습니다. 세균도 오랫동안 굶거나 잡아먹히거나 상처를 입으면 죽기도 하지만 동물이나 식물이나 사람처럼 늙어서 저절로 죽지는 않습니다.

　어떻게 그럴 수 있을까요? 세균은 태어나자마자 몇 십 분이 지나면 자기와 똑같은 자식을 만듭니다. 세균 한 마리가 쪼개지면서 똑같이 두 마리로 변합니다. 그 두 마리가 또 따로따로 쪼개져서 둘이 넷이 되고, 넷이 여덟이 되고, 여덟이 열여섯이 되고, 열여섯이 서른둘이 되고, 서른둘이 예순넷이 되고…… 이렇게 끝없이 계속해서 수가 늘어납니다. 아홉 시간이 지나면 세균 한 마리가 1억 마리로 불어나지요. 게다가 1억 마리 세균이 모두 생김새도 성질도 똑같아요. 그러니 세균이 너무 오래 살아 늙어서 죽는 일이란 있을 수 없습니다. 굶어 죽거나 사고만 없다면 세균은 영원히 죽지 않고 살 수 있습니다.

　만약 지독히 운 좋은 세균이 있다면 지구 어딘가에 30억 살 된 괴물 세균이 살고 있을지도 모릅니다.

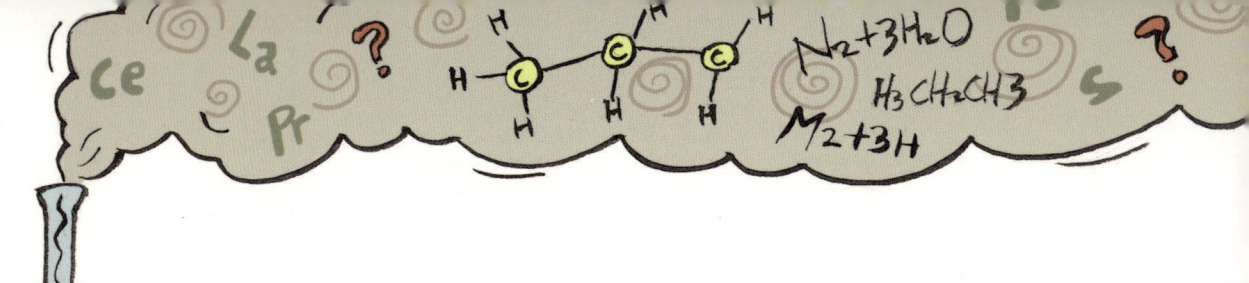

유전자 좀 나눠 줄까?

 세균은 과학자보다 똑똑합니다. 과학자들이 실험실에서 비밀스럽게 하는 일을 세균은 저 혼자서 척척 잘도 해냅니다. 세균이 밥 먹듯이 하는 일을 과학자들은 머리를 끙끙 앓고, 온갖 어려운 화학 기호와 씨름하면서 연구합니다. 그리고 이제 겨우 마법의 실마리를 풀었지요. 과학자들은 실험실에서 우리 세균을 흉내 내어 유전자 조작 실험을 합니다.

 우리 세균들은 30억 년 훨씬 전부터 유전자 조작을 마음대로 했습니다. 세균은 서로서로 유전자를 바꿀 수 있습니다. 실험실이나 실험 기구, 어려운 공식이나 화학 약품도 필요 없지요. 유전자 조작이라면 세균들은 슬렁슬렁 돌아다니면서 얼마든지 할 수 있습니

다. 오다가다 가볍게 인사라도 하듯이 말이에요. 어떻게 그렇게 할 수 있을까요?

만약에 인간 세상처럼 세균들의 세상에도 우울증 환자나 대머리가 있다면 서로가 이런 말을 주고받을지도 모릅니다.

세균들은 다른 세균에게 얼마든지 유전자를 건네줄 수 있어요.

세균은 어떻게 마음대로 유전자를 전해 줄까요?

세균은 몸에서 기다란 다리를 뻗어 다른 세균에게 유전자를 흘려보내 줍니다. 그럼 그 세균은 새로운 유전자를 받아 끊임없이 변신하지요.

이런 일이 사람들이 사는 세상에도 일어난다면 어떨까요?

만약에 키가 커지고 싶은 사람이 있다면, 키가 큰 사람이 작은 사람에게 손을 쭉 뻗어 몸에 대기만 해도 유전자가 '찌리리' 몸속으로 흘러가서 키가 쑥쑥 자라겠지요. 새처럼 날고 싶다고

요? 그럼 새의 날개에 슬쩍 옆구리를 갖다 대어 보세요. 두 팔이 갑자기 날개로 변신할지도 모릅니다. 정말 그런 일이 가능할까요? 물론입니다. 세균들의 세상에서라면 말이에요.

　세균은 유전자 전달을 마음대로 할 수 있습니다. 그러니 세상에 괴상하고 괴상한 세균들이 얼마나 많겠어요. 과학자들이 세균의 종류를 다 헤아리지 못하는 것도 바로 이런 이유 때문입니다.

세균의 똥이 하늘로 올라가 오존층이 되었어요

　세균이 맨 처음 지구에 살기 시작했을 때 지구는 아주 끔찍한 곳이었습니다. 거대한 호수와 대륙이 있을 뿐 풀 한 포기, 지렁이 한 마리도 없었어요. 육지는 황량했고 세균만이 바다에 살고 있었지요.
　우리 세균 종족은 바다 깊숙한 곳에서 진흙이나 화산재 속에 섞여 있는 유황을 먹고 살았어요. 하지만 세균이 얼마나 쉽게 빨리 번식하는지 상상해 보세요. 얼마 안 가 식량은 고갈되고 세균들은 먹을 것을 찾기 힘들어졌습니다. 세균들은 서로가 서로를 잡아먹었습니다! 정말 끔찍했지요. 그러던 어느 날 가장 똑똑한 세균 한 무리가 기상천외한 것을 발명했습니다. 하늘에서 내리쬐는 햇빛을 낚아채서 먹는 희한한 기술이었지요. 세상에! 햇빛에 물과 이산화 탄소를

섞어서 먹다니!

　이 세균의 후예들이 아직도 지구에 살고 있는데, 시아노박테리아라고 불리지요. 세균을 다른 말로 박테리아라고도 합니다. 시아노박테리아는 아무것도 먹지 않고 햇빛과 물과 이산화 탄소로 영양분을 만들어 살아갑니다. 이것을 광합성이라고 부르지요. 어쩌면 여러분은 식물만이 광합성을 한다고 생각했을지 모릅니다. 하지만 식물이 살기 오래전부터 세균이 벌써 광합성 기술을 발명했습니다.

　광합성을 발명한 덕분에 시아노박테리아는 오랫동안 먹이 걱정을 할 필요가 없었습니다. 하지만 그 다음에 문제가 생겼어요. 시아노박테리아들이 햇빛만 먹고도 살고, 수도 엄청나게 불어나자 끔찍한 일이 벌어졌습니

다. 시아노박테리아들이 햇빛과 이산화 탄소를 마시고 무언가를 배설했는데, 그게 바로 산소였답니다!

여러분은 산소가 얼마나 위험한 독인지 모를 것입니다. 산소는 매우 위험한 기체예요. 산소는 아무것에나 달라붙기를 좋아합니다. 산소가 옷에 달라붙으면 옷이 너덜너덜해지고, 쇠에 달라붙으면 단단한 강철이라도 언젠가는 먼지처럼 부스러져 사라지지요. 순수한 산소 속에서는 철이나 알루미늄도 불꽃을 내면서 순식간에 타 버립니다. 다행히도 지금은 산소가 다른 기체들과 함께 공기 중에 엷게 퍼져 있어서 산소가 순식간에 모든 것을 태워 버리는 끔찍한 일이 일어나지 않습니다.

산소는 시아노박테리아가 광합성을 하기 전까지 지구 대기에 없었습니다. 시아노박테리아들이 햇빛과 물과 이산화 탄소로 광합성을 하면서 어마어마하게 산소 가스를 내뿜었지요. 안타깝게도 시아노박테리아가 내버린 산소 똥은 수많은 다른 세균들을 죽였습니다. 시아노박테리아가 점점 더 번성하자 지구에 산소가 넘쳐 나게 되었고, 산소는 지구를 망가뜨리기 시작했어요. 산소 때문에 지구는 불그스름하게 녹슬었습니다. 땅속에 들어 있는 철광석이 그 증거입니다. 산소는 돌에 달라붙어 바위를 녹슬게 했고, 녹슨 돌이 오랜 세월 땅에 묻히고 묻혀서 철광석이 되었습니다. 남은 산소들은 위로 위로 올라가 하늘을 덮었지요. 그러자 더 놀라운 일이 일어났습니다. 산소는 하늘 위에서 오존층이 되었어요. 놀랍게도 오존층은 태양에서 지구로 내리쬐는 해로운 자외선을 막아 주었습니다. 세균을 죽이고 지구를 녹슬게 했던 산소가 하늘로 올라가 지구를 보호하는 우산이 되었지요.

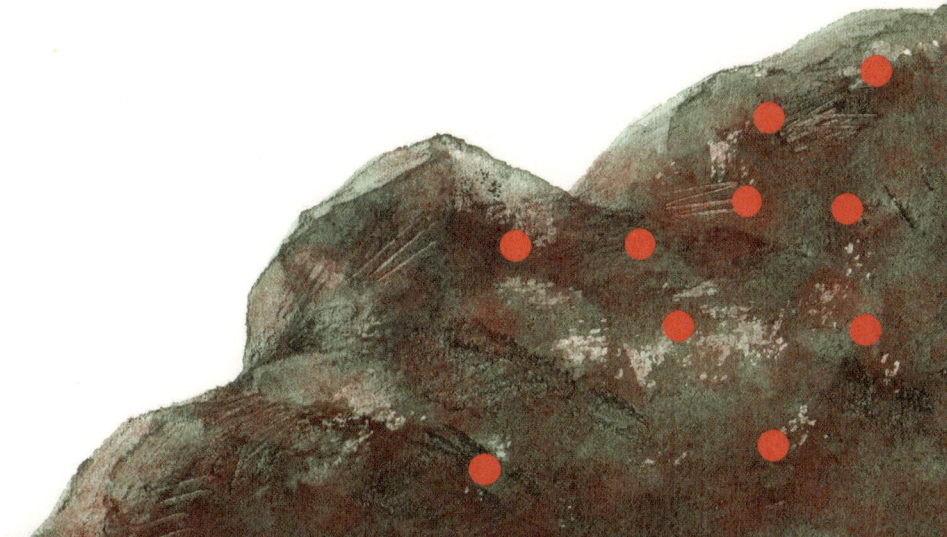

살아남기 대작전

맨 처음 시아노박테리아가 산소를 내뿜었을 때 다른 세균들은 산소 때문에 죽었습니다. 그래서 산소 똥을 맞지 않으려면 산소가 없는 곳으로 숨거나 멀리멀리 달아나는 수밖에 없었지요. 산소를 끔찍이도 싫어하는 세균들은 땅속이나 바다 깊숙한 진흙 속에 꽁꽁 숨어서 살았습니다.

그렇게 20억 년이 흘렀습니다. 세균은 또다시 놀라운 일을 해냈습니다. 먼 옛날 시아노박테리아가 햇빛을 먹는 기술을 발명한 것처럼 어떤 세균은 산소를 이용하는 법을 발명했습니다. 이 세균은 무시무시한 산소를 피하는 대신 도리어 산소를 연료로 이용하여 몸속에서 에너지를 만들어 내는 놀라운 일을 해냈습니다!

이 굉장한 사건이 없었다면 산소로 숨을 쉬는 모든 동물들과 사람들은 지구에 생겨나지 못했습니다. 만약에 이때에 신문이라는 것이 있었다면 이렇게 대문짝만 하게 났겠지요.

"지구상에 최초로 산소로 숨을 쉬는 괴물 생명체 출현!"

이 놀라운 일을 해낸 세균의 후예가 지금도 사람의 몸속에 살고 있습니다! 사람의 몸은 수많은 세포로 되어 있고, 세포 속에는 미토콘드리아가 들어 있어요. 미토콘드리아가 바로 먼 옛날 처음으로 산소를 이용해 에너지를 만들었던 세균의 후예입니다! 미토콘드리아는 세포 속에서 산소를 이용해 에너지를 만듭니다. 물론 미토콘드리아는 이제 더 이상 세균이 아니지만 아득히 먼 옛날 세균에서 진화했지요.

미토콘드리아의 조상이 맨 처음 어떻게 산소로 에너지를 만들었는지는 아무도 모릅니다. 과학자들조차 마술 같기만 하다고 말합니다. 하지만 이것만은 분명해요. 살아남기 위해서라면 우리 세균들은 어떤 지혜라도 짜낼 수 있습니다.(우리가 정말로 머리를 감싸 쥐고 그렇게 한 것은 아니었지요.) 어떻게 해서라도 새로운 환경에 적응한 세균과 새로운 실험에 성공한 세균들만이 살아남았습니다.

변신하고 변신하라!

어떤 세균은 햇빛을 이용하고, 어떤 세균은 다른 세균이 버린 산소를 재활용하고…… 세균은 괴이한 능력을 발휘하며 번식하여 엄청난 숫자로 불어났습니다. 세균이 너무 많아져서 세균들끼리도 살 수가 없을 지경이었어요. 그래서 살아남기 위해 서로가 서로를 잡아먹어야 했지요.

이렇게 먹고 먹히고 오랜 세월이 흘렀을 때, 어떤 세균은 잡아먹힌 채로 살아남았습니다! 다른 세균의 배 속에 들어가서도 소화되지 않고 남았지요. 그 세균은 다른 세균의 몸 안에 둥지를 틀고 다시는 나오지 않았습니다. 주인 세균의 양분을 빼앗아 먹으며 오히려 더 편하게 살았지요. 놀랍게도 세균을 삼킨 세균도 잘 살아남았습니다. 느림보 세균에게 달리기 세균이 들어오면 덩달아 잘 달리게 되었고, 광합성을 못 하는 세균에게 광합성을 하는 세균이 들어오면 햇빛을 먹고 살게 되었습니다. 산소로 숨 쉬는 세균이 들어오면 무시무시한 산소도 위험하지 않았어요.

신기하고 신기한 일이 자꾸자꾸 벌어졌습니다. 세균이 세균을 삼키고, 또 다른 세균을 삼키고…… 여러 가지 세균이 세균의 몸속에서 함께 살게 되자 지구에 없던 새로운 생물들이 나타났어요. 아메바, 짚신벌레, 유글레나, 방산충, 유공충, 볼복스, 돌말…… 모양도 살아가는 방법도 가지가지 다른 작은 생물들이 바다에 넘쳐 났습니다. 지금도 물속에 살고 있는 이 조그만 생물들을 원생생물이라고 부릅니다.

작은 생물들은 계속해서 결합하고 변신하여 점점 더 복잡한 생물로 진화했어요. 세균과 원생생물, 원생생물과 원생생물들이 서로서로 도우며 함께 살다 새로운 생물로 진화했습니다. 지금부터 6억 년 전,

원생생물 한 무리는 동물로 진화했습니다. 동물의 몸은 세균이나 원생생물과 비교도 할 수 없을 만큼 복잡하고 다양해졌지요. 소화 기관과 배설 기관이 생기고 눈과 입이 생겼습니다. 바다벌레들과 해파리, 삼엽충, 산호, 바다나리, 앵무조개, 원시물고기와 같은 수많은 동물이 바다에 생겨나고 지구는 점점 더 시끌벅적한 행성이 되었습니다.

지구의 주인은 누굴까요?

지구는 오랫동안 세균과 원생생물의 세상이었어요. 세균과 원생생물이 변신하고 변신하여 수많은 동물과 식물이 지구에 생겨났지만 더 많은 세균과 원생생물이 지금도 여전히 지구에 살고 있습니다.

세균

38억 년 전

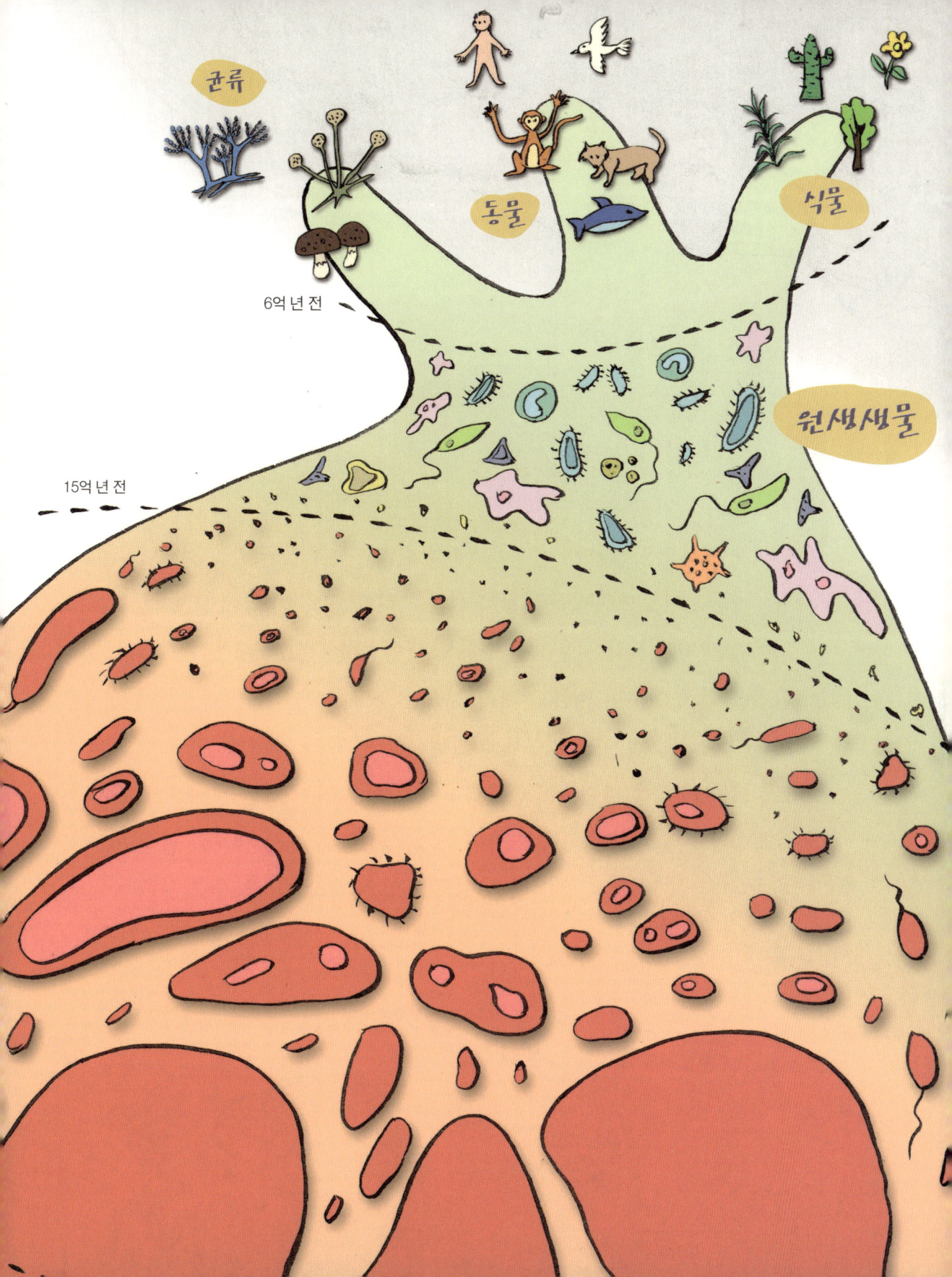

우아, 우리보다 더 희한하게 생긴 놈들이 있다니!

공주와 고블린

 이제 여러분은 세균이 얼마나 변신을 잘하는지 알게 되었을 것입니다. 세균이 어떻게 수많은 동물과 식물로 진화했는지 상상해 보세요!
 하지만 어떤 세균은 환경이 변해도 아랑곳하지 않고 태곳적 지구 환경을 더 좋아하며 지금도 지하 깊숙한 곳에 살고 있습니다. 과학자들이 아득히 먼 옛날 지구에 살았던 생물에 대해 알게 된 것도 바로 이런 세균들을 발견하여 연구했기 때문이에요.
 과학자들은 지옥 불처럼 뜨거운 해저 깊숙한 곳에서 세균을 발견했습니다. 그런 곳에 설마 생물이 살고 있을 거라고는 상상도 못했

"우리 고블린은 지하에서밖에 살 수 없는데 쟤넨 다른 곳에서도 살 수 있나 봐."

"대단해, 정말 대단해!"

지요. 마치 전설 속의 고블린이 되살아난 것 같았답니다.

고블린은 영국에 전해 내려오는 지하 세계의 기괴하고 못생긴 난쟁이 도깨비들입니다. 고블린은 햇볕이 전혀 들지 않는 축축하고 어두운 지하 동굴에서 살고 있어요. 고블린은 틈만 나면 공주를 납치해 지하 세계로 데려가려고 사악한 음모를 꾸밉니다. 그러자 왕과 신하들은 공주가 고블린의 존재를 죽을 때까지 모르게 하려고 공주를 외딴 성에 가두어 키웁니다. 물론 공주는 고블린의 존재를 눈치채고 용감하게 모험을 떠나지요. 《공주와 고블린》이라는 동화책에 나오는 이야기예요! 우리 세균들도 가끔 인간 세계의 동화책을 읽는답니다.

어쩌면 고블린은 작가가 지어낸 상상 속의 괴물만은 아닐지도 모릅니다. 훌륭한 작가들은 과학자들이 미처 발견하지 못한 진실을 그

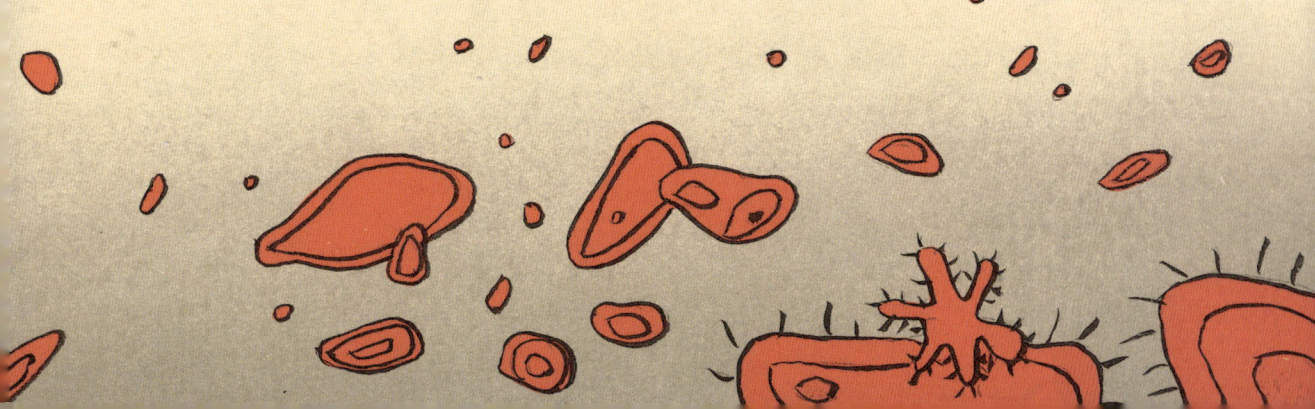

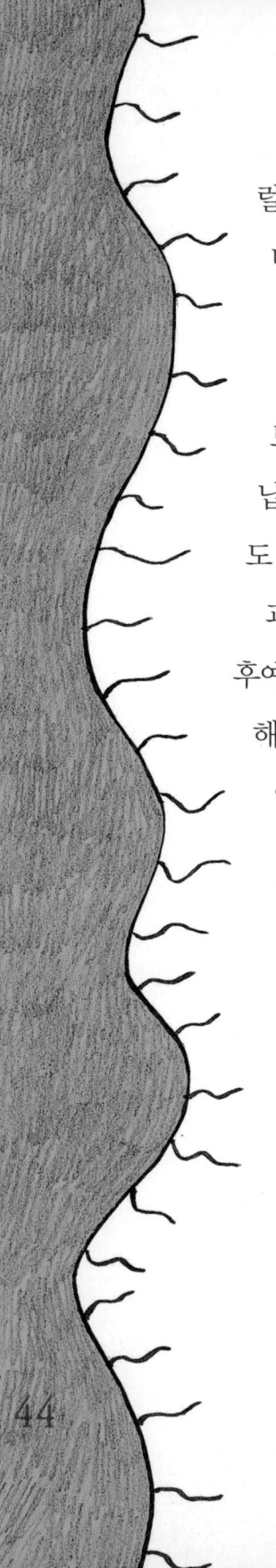

럴듯하게 먼저 이야기로 꾸며 내지요. 고블린보다 훨씬 더 작고 기이하고 망측한 진짜 괴물 세균들이 지금도 지하 세계에 살고 있습니다. 이 세균들은 고블린보다 더 깊은 지하 세계에 살고 있어요. 펄펄 끓는 가마솥보다 더 뜨겁고, 압력도 엄청나게 높아서 어떤 생물도 납작하게 짜부라지고 마는 그런 곳이지요. 당연히 햇볕도 전혀 들지 않고 공기도 없습니다.

과학자들은 이 세균들이 지구에서 가장 오래된 생물의 후예일 것이라고 생각합니다. 아득히 먼 옛날 산소를 피해 땅속 깊숙이 숨어 들어간 세균의 후예가 아직도 지하에 살고 있는 것이라고요. 이 세균들은 너무나도 오랫동안 뜨겁고 산소도 없는 지하 깊숙한 곳에서 살았기 때문에 햇볕을 쬐거나 신선한 공기를 마시면 오히려 시들시들 죽고 말지요. 지구는 38억 년 전보다 훨씬 더 살기 좋은 곳이 되었지만 태곳적 세균들에게는 따뜻한 햇볕이 내리쬐고 신선한 산소가 있는 지구가 여전히 끔찍한 곳입니다.

만약 사람들이 석유를 뽑아 올리기 위해 땅속 깊은 곳까지 시추 장비를 내려보내지 않았다면 이 세균들은 결코 인간 세계에 모습을 드러내지 않았을지도 모릅니다. 그들은 지금도 캄캄한 지하 세계에서 '악마의 불'이라는 것을 먹으며 살고 있습니다. 땅속 깊은 곳에 묻혀 있는 유황을 먹고 살지요.

먼 옛날부터 사람들은 지옥을 유황이 불타는 곳이라 상상했는데, 정말로 지하 깊은 곳에는 황이 있습니다. 황을 태우면 녹아서 부글거리는 끈끈한 덩어리가 되고, 이글거리는 푸른 불꽃에서는 고약한 냄새가 피어오릅니다. 황은 지하 깊숙한 곳에 잠들어 있다가 화산이나 온천을 통해 지상으로 올라와 동물과 식물을 죽이고 모든 것을 끈적끈적하고 얼룩덜룩한 점액으로 뒤덮어 버립니다. 그런데 티오바실루스라고 하는 세균은 펄펄 끓는 유황 온천에서 황을 먹으며 살고 있어요.

신기하게도 티오바실루스는 펄펄 끓는 유황 온천에

서도 세포가 파괴되지 않습니다. 뜨거운 온도에도 잘 견디는 특수 방열 세포막을 가지고 있기 때문이에요. 소방관과 스턴트맨이 입는 특수 섬유로 만든 방열복처럼 말입니다. 이 괴물 세균은 세포 자체가 방열 세포로 되어 있습니다. 사람들도 방열복이라는 것을 개발했지만 세포 자체를 방열 세포로 만들 수는 없습니다.

지구 어딘가에 사람들이 모르는 괴물 세균들이 얼마나 더 많은지 모릅니다. 과학자들은 아주 최근에야 괴상한 세균들이 있다는 것을 알아냈고, 이제 겨우 연구하기 시작했어요. 과학자들은 영원히 얼어붙어 있는 툰드라의 땅 밑이나 남극의 빙하 속에서도 세균을 발견했어요. 이 세균들은 세포 안에 부동액을 가지고 있기 때문에 아무리 추운 곳에서도 몸이 얼지 않고 살아갑니다.

어떤 세균은 생물이 살 수 없는 아주아주 짠 소금물 속에서도 살아갑니다. 과학자들은 천연 동굴 속에서 소금 바위에 붙어 사는 세균도 발견했고,

빙하 속에도 세균이 살아요.

이스라엘과 요르단에 걸쳐 있는 사해 바다에서도 세균을 발견했어요. 사해 바다는 너무 짜서 어떤 생물도 살지 못하는 죽은 바다인데도 세균들이 살고 있습니다. 식물도 동물도 지나치게 짠 소금 용액에서는 세포에 탈수 현상이 일어나 쪼글쪼글 말라 죽는데 이 괴물 세균들은 특별한 세포막을 가지고 있어서 아무리 짠 소금물에서도 통통한 살집을 유지할 수 있습니다.

보통 생물들이 살 수 없는 곳에서 살고, 상상할 수도 없는 것을 먹는 세균의 이야기는 계속해서 유명한 과학 잡지와 논문에 실리고 있습니다. 점보제트기 50대 밑에 깔려 있는 것과도 같은 압력을 견디며 수심 11km 아래 태평양 바닷속에 살고 있는 세균도 발견되었지요. 어떤 과학자는 몸체가 끊어져도 다시 붙는 괴물 세균에 대해 발표했어요. '데이노

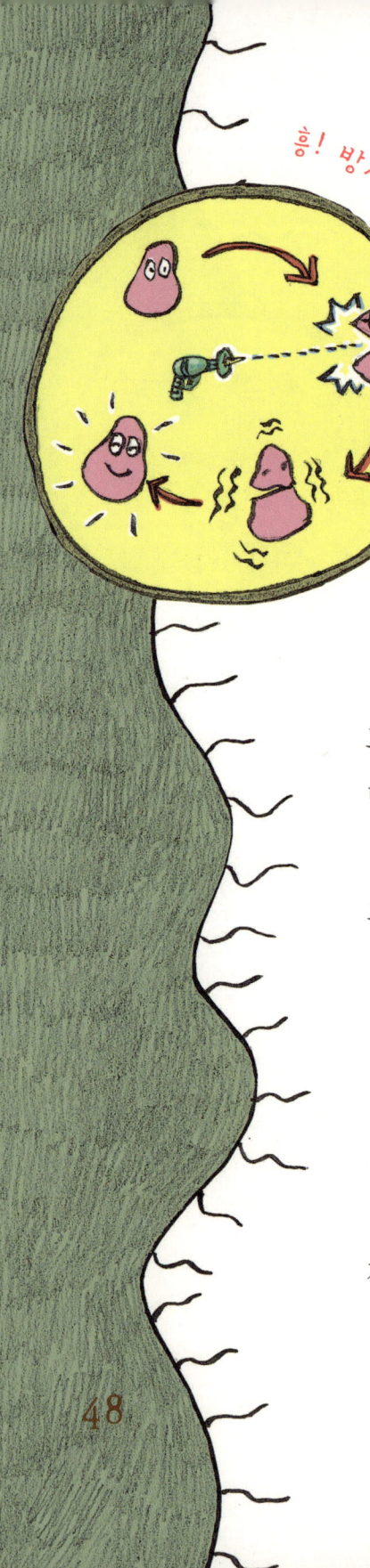

흥! 방사선쯤이야 우리를 깜개 부시지!

'코쿠스 라디오두란스'라는 괴상한 이름의 이 세균은 방사선을 쬐고 몸이 잘려도 마치 영화에 나오는 불사신 괴물처럼 다시 합체된다는 것입니다.

이 세상에 세균들이 살지 못할 곳도 먹지 못할 것도 없습니다. 어떤 세균은 철광석을 뜯어 먹고 어떤 세균은 콘크리트를 갉아 먹습니다. 석유와 석탄, 고무와 아스팔트를 좋아하는 세균도 있어요. 심지어 방사능 폐기물도 먹지요.

과학자들은 지금 이런 괴상하고 기이한 세균들을 무언가에 이용할 방법을 열심히 연구하고 있습니다. 핵폐기물을 먹어 치우는 세균, 빨래에 묻은 때를 좋아하는 세균, 기름을 좋아하는 세균으로 지구와 바다를 살리려고 노력하지요.

핵폐기물을 먹어 치우는 세균으로 핵 쓰레기를 처리하고, 빨래에 묻은 때를 좋아하는 세균으로 세제를 만들어 강물이나 바다의 오염을 줄일 수 있습니다. 또 유조선이 바다를 기름으로 오염시키는 사고가 났을 때 석유를 좋아하는 세균을 바다에 뿌려 석유를 걷어 낼 수 있어요.

   기이한 세균을 이용해서 얼마나 많은 일을 하게 될지 모릅니다. 펄펄 끓는 온천물, 차가운 빙하, 짜디짠 소금 바위에 붙어 사는 괴물, 석유와 플라스틱을 먹어 치우는 괴물처럼 괴상하고 요상한 세균들을 찾아낸다면 말이에요.

세균이 우주를 떠돌아다녀요

이제 우리 종족에게 전해 내려오는 기이한 이야기를 들려드리지요. 세상에서 가장 게으른 세균이 있었답니다. 과학자들은 500년에 한 번 분열할까 말까 하는 요상한 세균을 발견했어요. 이 세균이 하는 일이라곤 그저 깊고 깊은 땅속에서 꼼짝도 않고 잠만 자는 것뿐이었지요. 얼마나 게으른지 100년 동안 옴짝달싹하지 않았습니다. 그러다가 100년에 한 번쯤 꼼지락하면서 자기 몸을 둘로 나누었어요. 깊고 깊은 땅속에 갇혀 살아가는 괴상한 세균이 이렇게 100년이고 200년이고 땅속에서 잠을 자다가 과학자들에게 발각되었습니다. 러시아의 과학자들은 300만 년 된 시베리아 동토층에서 얼어 있던 세균을 되살려 내었습니다.

또 다른 과학자들은 지하 600m에 있는 소금 광산에서 2억 5천만 년 된 세균을 되살려 내었다고 주장했지요.

　과학자들은 이것을 믿어야 할까 말아야 할까 망설이고 있습니다. 과학자들은 괴물 세균의 놀라운 능력에 대해 점점 새로운 사실을 알게 되었습니다. 우리 세균들은 환경이 나빠지면 몸을 웅크리고 오그립니다. 점점 더 작아지고 쭈글쭈글해져서 말라빠진 씨처럼 보이지요. 그래서 포자라고 부릅니다. 세균의 포자는 죽은 것처럼 보이지만 정말로 죽은 것은 아니에요. 세균은 언제까지고 죽은 체할 수 있습니다. 이렇게 백만 년도 천만 년도 기다릴 수 있습니다. 그리고 알맞은 때가 오면 다시 깨어납니다.

　과학자들은 실험실에서 포자에 놀라운 능력이 있다는 것을 확인했어요. 세균의 포자에 강력한 전파를 쬐고, 영하 200℃로 급속히 냉각시켰는데도 몇 개는 거뜬히 살아남았어요.

　최근에 과학자들은 우주에 떠도는 티끌 속에 세균의 포자가 풍부하게 섞여 있는 것을 발견했어요. 세균의 포자가 우주를 떠돌아다닌다고요? 그렇답니다.

우주 공간에서는 그 어떤 생물도 살 수 없습니다. 온도는 영하 200℃쯤이고, 공기도 없고, 가도 가도 빈 공간뿐 무시무시한 암흑이지요. 하지만 우리 세균의 포자는 그런 곳에서도 죽지 않고 우주를 떠돌아다닙니다. 그러다가 언젠가 어느 행성에 닿을지도 모릅니다. 운이 좋아서 운석이나 혜성의 꼬리에 올라타 무사히 행성의 대기로 들어올 수도 있습니다. 물이 있고 따뜻한 햇볕이 내리쬐는 행성이라면 그보다 더 좋은 행운은 없을 것입니다. 이제 세균의 포자는 오랜 잠에서 깨어나 꿈틀꿈틀합니다. 생명체가 하나도 없다면 다른 생물과 싸울 필요도 없습니다. 그리고 마침내 행성을 모두 차지해 버릴지도 모릅니다. 어쩌면 그 행성이 지구가 아니었을까요?

어떤 과학자들은 지구에 생명이 나타나게 된 이야기를 이렇게 추측합니다. 지구 생명의 씨앗은 어쩌면 가까운 화성이나 달에서 왔을지도 모른다고요. 달이나 화성에는 오래전에 물이 있었던 흔적도 있고, 화산 활동이 활발했다는 증거도 있습니다.

과학자들은 지금도 화성과 달에 미생물 탐사선을 보내고 있습니다. 2004년 2월, 미국의 화성 탐사선 오퍼튜니티 호는 화성에 물이 있었다는 증거를 발견했습니다. 화성에서 발견한 '엘 케피탄'이란 암석 속에 황산염(물과 작용하여 생기는 광물질의 하나)이 들어 있었지요. 과학자들은 황산염이 만들어졌을 때쯤 화성의 바다는 세균이 살기에 좋은 환경이었을 것이라고 추측합니다.

사람들은 아직 화성이나 달에서 확실하게 생명체가 살았다는 증거를 발견하지 못했어요. 하지만 겨우 화성과 달의 표면을 탐사했을 뿐이지요. 아직 과학 기술이 닿지 못하는 곳이나 화성과 달의 지하 깊숙한 곳에는 우리 세균 종족의 머나먼 친척들이 살고 있을지도 모릅니다.

3
지구는 세균과 아메바와 곰팡이 천지예요

세균 종족의 친척들을 소개합니다

세균은 너무 작아서 눈에 보이지 않고 소리도 들리지 않고 만질 수도 없습니다. 하지만 분명히 사람들과 함께 이 세상에 살고 있습니다. 여러분이 공부할 때, 밥 먹을 때, 놀 때, 우리 세균들도 똑같이 자기 할 일을 하면서 바쁘게 살아갑니다.

또 동물들에게 사자, 코끼리, 표범, 독수리 하는 이름이 있는 것처럼 우리 세균들에게도 저마다 훌륭한 이름이 있습니다. 유산균, 대장균, 살모넬라……

'비브리오 콜레레'는
콜레라를 옮기는 세균입니다.

'살모넬라'는
식중독을 일으킵니다.

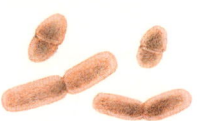
'유산균'은 사람의 몸속에
살면서 소화를 도와줍니다.

이름도 요란한 '데술포비브리오'는
쇠를 갉아 먹습니다.

지구에는 우리 세균들 말고도 눈에 보이지 않는 작은 생물들이 많이 있습니다. 원생생물과 곰팡이와 바이러스도 눈에 보이지 않는 우리의 작은 친척들입니다. 과학자들은 세균과 원생생물과 곰팡이와 바이러스를 모두 미생물이라고 부릅니다. 벌레 가운데 진드기와 머릿니와 물벼룩처럼 아주 작은 동물도 가끔 미생물에 끼워 주기도 하지요.

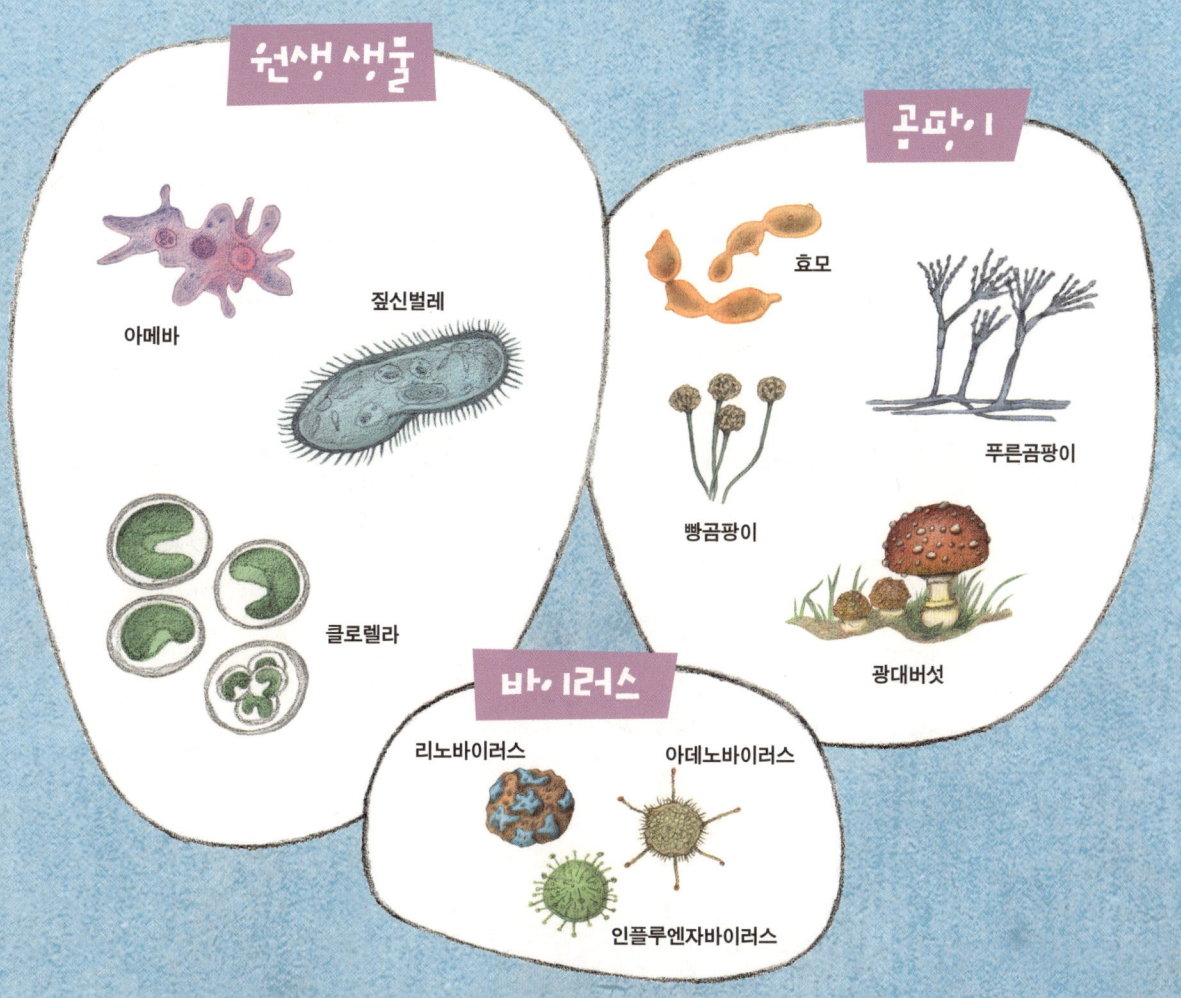

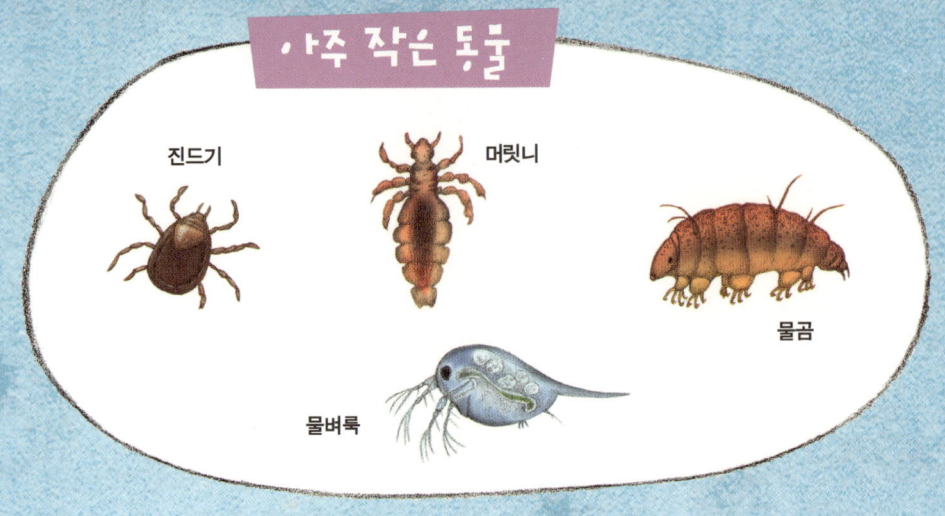

그런데 곰팡이는 눈에 보이는데 왜 미생물이라고 할까요?

곰팡이 한 개 한 개는 눈에 보이지 않을 만큼 아주 작습니다. 하지만 곰팡이가 자식을 낳고 낳고 또 낳아서 함께 모여 있으면 눈에 보일 만큼 커집니다.

지구에는 세균과 원생생물과 곰팡이와 동물과 식물이 살고 있어요. 과학자들은 오랫동안 지구에 있는 생물을 동물과 식물로만 나누어 연구했지만, 그것이 얼마나 큰 잘못인지 차츰차츰 깨닫게 되었어요. 과학자들은 동물이나 식물보다 훨씬 더 오래되고, 종류도 많고, 생태계에서 너무나도 중요한 일을 하는 세균과 원생생물과 곰팡이의 세계를 발견했습니다. 하지만 세균과 원생생물과 곰팡이가 이 세상에 얼마나 많이 살고 있는지 과학자들도 아직 다 알아내지 못했습니다. 어떤 사람들은 우리 작은 친척들이 1천만 종이 훨씬 넘을지도 모른다고 추측하지만 미생물의 종류를 모두 밝혀내는 것은 불가능한 일이라고 생각하는 과학자도 있습니다.

지금까지 알려진 생물의 종류는 모두 140만여 종입니다.
그러나 지구에는 아직도 발견되지 않은 미생물이 엄청나게 많이 있어요.

동물 1,032,000종　　식물 248,400종　　미생물 132,500종

아메바는 지구에서
두 번째로 오래되었어요

　오랫동안 지구에는 세균밖에 없었습니다. 20억 년쯤 뒤에 세균 가운데 한 무리가 아메바로 진화했어요. 아메바는 지구에서 세균 다음으로 오래되었습니다. 그 뒤에도 아메바를 닮은 종족이 많이 생겨났습니다. 짚신벌레, 유글레나, 방산충, 돌말, 유공충, 볼복스…… 모양도 괴이한 작은 생물들이 지구에 나타났어요. 이런 종족들을 원생생물이라고 부르는데, 맨 처음 생겨난 생물이라는 뜻이에요. 사실은 세균이 제일 먼저 지구에 살았지만 과학자들이 처음 원생생물이라는 이름을 지을 때 세균에 대해서 잘 몰랐기 때문에 그렇게 되었지요.

　원생생물은 물이나 습기가 많은 곳에서 살고 있어요. 연못, 강, 폭포, 바다, 지하수, 축축한 땅, 빗물 웅덩이, 조그만 이슬방울, 수영장 벽에 살고 있지요. 연못에서 떠 온 물 한 컵에도 수백 마리 원생생물이 우글우글 살고 있습니다. 원생생물의 종류는 수만 가지나 되고 모양도 가지가지예요. 또 어떤 종류는 광합성을 하고, 어떤 종류는 세균을 잡아먹고, 어떤 것은 다른 생물의 시체를 먹고 살아요.

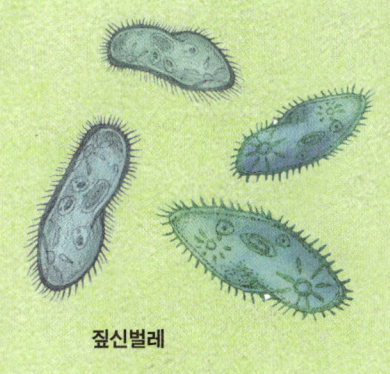
짚신벌레

짚신벌레는 짚신처럼 생겼다고 짚신벌레입니다. 현미경으로 보면 정말로 짚신 한 짝처럼 생겼어요. 짚신벌레는 털이 아주 많습니다. 짧은 털이 빽빽하게 나 있어 마치 털외투를 걸친 것 같아요. 물고기는 지느러미를 움직여서 헤엄치지만 짚신벌레는 짧은 털을 흔들어서 헤엄을 칩니다.

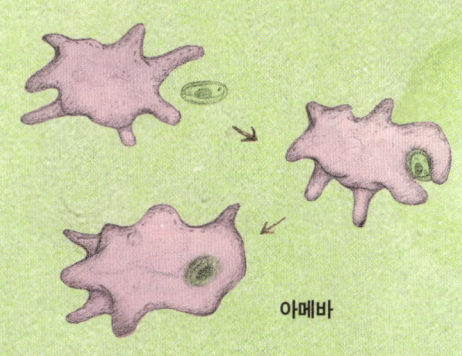
아메바

아메바는 원생생물 가운데 제일 유명합니다. 사람들은 흐느적흐느적거리거나 느려 터진 사람보고 아메바라고 부릅니다. 아메바는 정해진 모양이 없고 온몸이 마치 젤리 같아서 흐물흐물 흐느적흐느적거립니다. 아메바는 원생생물 세계에서 제일가는 느림보예요. 아주 빨리 갈 때에도 한 시간

61

유글레나

편모충

에 겨우 2cm를 갑니다. 하지만 아메바는 보기보다 무서운 사냥꾼이에요. 물속을 흐느적흐느적 기어가다가 자기보다 더 작은 생물을 발견하면 먹이를 에워쌉니다. 아메바는 눈이 없는데도 몸이 먹이에 닿는 순간 귀신같이 알아차리고 스르르 먹이를 감싸지요. 먹이가 찐득찐득한 아메바 감옥에 갇혀 꼼짝할 수 없게 되면 아메바는 몸에서 소화액을 내어 먹이를 죽처럼 녹여 버립니다.

돌말

방산충

유글레나와 편모충은 짧은 털 대신 기다란 털이 몇 개 나 있고, 이 털로 물결을 헤치면서 나아갑니다. 사람의 몸속에도 편모충이 살고 있는데, 음식 찌꺼기와 수분으로 가득 찬 큰창자 속을 기분 좋게 헤엄쳐 다닙니다.

돌말과 방산충이라는 원생생물도 있는데 그들은 바닷물에 들어 있는 규소로 유리처럼 투명하고 딱딱한 뼈대를 만들지요. 현미경으로 보면 마치 유명한 조각가가 만든 작품처럼 아름답습니다.

원생생물은 대부분 현미경으로 보아야 하지만 맨눈으로 볼 수 있을 만큼 몸집이 큰 것들도 있습니다. 다시마와 파래는 아주 커다란 원생생물이에요. 사람들은 다시마와 파래를 바다식물이라고 부르지만 정확하게 말하면 다시마와 파래는 식물도 동물도 아니고 바다에 있는 수많은 원생생물 가운데 하나예요.

원생생물은 이따금 무서운 병을 일으킵니다. 플라스모듐이라고 하는 원생생물은 모기의 몸속에 살면서 학질을 일으키지요.(학질을 다른 말로 말라리아라고도 합니다.) 해마다 전 세계에서 3백만 명이나 되는 사람들이 학질에 걸려서 고통스럽게 죽습니다. 학질에 걸리면 열이 펄펄 나고 아픕니다. 그 고통이 어찌나 심한지 어른들은 몹시 힘든 일을 겪고 나면 '학을 떼었다'라고 말하지요.

느림보 아메바도 병을 옮깁니다. 더러운 물에 살던 아메바가 사람들의 배 속에 들어오면 이질에 걸립니다. 이질에 걸리면 쉬지 않고 설사가 쏟아지고 배가 몹시 아파요.

하지만 무서운 병을 일으키는 원생생물은 많지 않습니다. 오히려 원생생물이 있어서 좋은 일이 더 많습니다. 원생생물은 산소를 만들고, 우리 세균 종족이 무시무시한 수로 불어날 때 세균을 먹어서 수

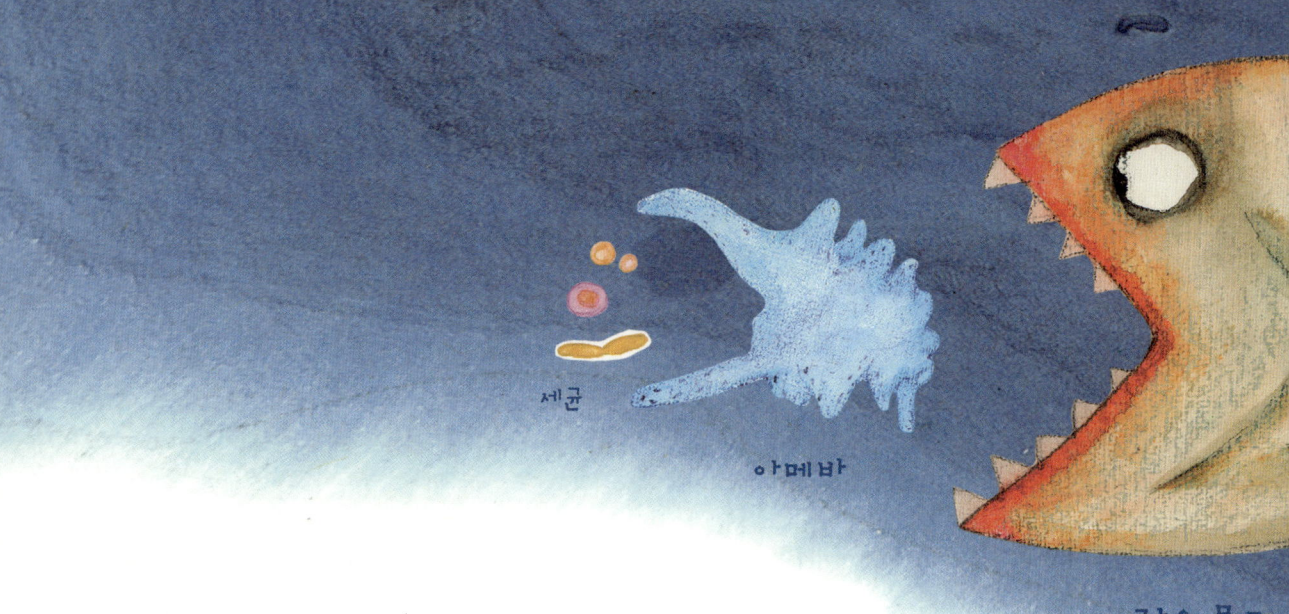

를 조절해 주고 물고기가 죽으면 시체를 먹어 없앱니다. 수많은 바다생물도 원생생물을 먹고 삽니다. 육지에서 식물이 광합성을 하여 스스로 영양분을 만들고 자라는 것처럼 바다에서는 수많은 원생생물이 광합성을 합니다. 이렇게 원생생물은 스스로 영양분을 만들고 작은 물고기는 원생생물을 먹고 큰 물고기는 작은 물고기를 먹는 거지요.

큰 물고기

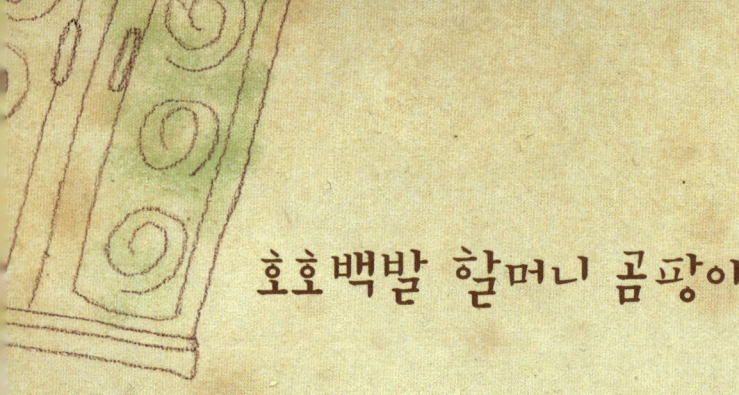

호호백발 할머니 곰팡이

우리의 친척 가운데는 곰팡이 종족도 있습니다. 곰팡이 종족은 우리 세균 종족보다 더 푸대접을 받으며 살고 있지요. 곰팡이는 축축하고 어두운 곳이면 어김없이 피어나서 콤콤한 냄새를 피웁니다. 여러분의 집에도 곰팡이가 살고 있어요. 사람들이 아무리 깨끗이 청소를 해도 곰팡이는 용용 죽겠지 약을 올리며 이쪽저쪽 구석에서 끈질기게 나타납니다. 냉장고 속에도, 벽지에도, 장롱 뒤에도, 욕실에도, 세탁기나 에어컨 속에도 곰팡이가 살고 있어요.

곰팡이는 6억 년 전에 지구에 등장했어요. 곰팡이는 처음에 바다에서 살았지만 지금부터 4억 년 전 광합성을 하는 원생생물과 힘을 합쳐 육지를 개척했어요. 곰팡이가 육지를 개척하지 않았다면 동물이나 식물이 육지에 번성할 수 없었을지도 모릅니다.

사람들이 곰팡이의 정체를 알아내기까지 아주 오랜 세월이 걸렸습

니다. 아주 작은 생물의 세계에서 일어나는 일에 관심을 갖게 되고서도 한참 뒤에야 곰팡이를 알게 되었지요.

 곰팡이는 음식이나 집을 썩게 만들고 퀴퀴한 냄새가 나고 더러워 보였기 때문에 사람들은 곰팡이를 몹시 싫어했습니다. 곰팡이를 좋아하는 사람은 아무도 없었고 당연히 곰팡이를 연구할 생각은 꿈에도 하지 않았어요. 오랫동안 사람들은 곰팡이가 그저 지구에서 사라져야 할 더러운 것이라고만 생각했습니다.

 "곰팡이는 저주받은 종족이야. 신이 창조한 자연을 어지럽히기 위해 악마가 만들어 낸 발명품이지."

 300년 전에 프랑스에 살았던 한 식물학자는 곰팡이에 대해 이렇게 말했어요. 하지만 이 말은 인간이 아닌 다른 생물을 모조리 깔보던 시대에 퍼뜨린 교만한 이야기일 뿐입니다. 곰팡이는 결코 자연을 어

지럽히는 생물이 아닙니다. 오히려 곰팡이가 없다면 지구는 끔찍한 행성이 되고 말 거예요.

과학자들이 처음 곰팡이를 연구할 때는 곰팡이를 식물이라고 생각했습니다. 아직도 어떤 책에서는 곰팡이를 식물과 함께 가르칩니다. 하지만 곰팡이는 식물도 아니고 그렇다고 동물도 아니에요.

곰팡이는 식물처럼 뿌리가 있지만 식물처럼 광합성을 하지는 않습니다. 또 음식을 먹고 에너지를 만드니까 동물처럼 보이기도 하지만 동물처럼 알이나 새끼를 낳지 않고 식물처럼 씨앗을 퍼뜨리지요. 그러니 곰팡이를 식물이라고 해야 할지 동물이라고 해야 할지 처음에는 학자들도 갈팡질팡했습니다.

얼마 전에야 과학자들은 이 싸움을 그만두었습니다. **과학자들은 이제 곰팡이를 세균과 원생생물, 동물과 식물과 마찬가지로 아주 중요한 생물로 따로 분류합니다.**

곰팡이는 축축하고 어두운 땅속에서 흡혈귀처럼 살아갑니다. 식물이 햇빛을 먹고 동물이 풀과 고기를 먹는 동안 곰팡이는 칙칙한 어둠 속에서 썩은 음식과 시체를 먹습니다. 땅속에서 쓰레기와 시체의 냄새를 맡았다 하면 곰팡이는 곧장 강력한 효소를 발사하여 즙으로 만든 다음 온몸으로 주욱 빨아들입니다.

사람들은 곰팡이에게 고마워하지 않으면 안 됩니다. 곰팡이가 아니었다면 지구가 어떻게 되었을지 상상해 보세요. 수억 년 동안 쌓인 동물과 식물의 시체와 수백만 년 동안 쌓인 사람들의 시체와 쓰레기가 모두 어디로 갔을까요? 땅 위에 살고 있는 생물들의 수를 다 합친 것보다 땅속 곰팡이의 수가 훨씬 더 많지 않았다면 지구는 오래전에 거대한 무덤 행성이 되었을지도 모릅니다.

곰팡이는 뚜렷한 모양이 없습니다. 곰팡이는 흐물거리는 유령처럼 이리저리 아무렇게나 몸집을 늘려 갑니다. 아메리카 대륙의 어느 숲속에는 호호백발 할머니 곰팡이가 살고 있습니다. 이 곰팡이는 거대한 나무뿌리 아래 똬리를 틀고 숲속 전체에 온몸을 늘어뜨리고 살아갑니다.

과학자들이 계산해 보니 이 괴물 곰팡이는 몸무게가 10,000kg이 넘고 나이가 1500살이나 되었습니다. 또 이곳저곳의 나무뿌리 아래에서 곰팡이를 떼어 내 유전자를 조사해 보았는데 모두 한 곰팡이가 틀림없었습니다. 어떻게 이런 일이 있을 수 있을까요?

곰팡이는 땅속에서 끝없이 실 같은 관을 내어 뻗어 나갑니다. 실 다발에서 또 실 다발이 뻗어 나가고 그 실 다발에서 또 실 다발이 사방으로 뻗어 나가지요. 이런 일이 1500년이나 이어져 지금은 지구에서 가장 거대하고 무거운 곰팡이가 되었습니다.

곰팡이는 흙 속에서 끝없이 실 다발을 뻗어 나가다가 때가 되면 땅 위로 꽃을 피워 올립니다. 곰팡이의 꽃은 식물의 꽃만큼 아름답지도 않고 화려하지도 않지만 그 속에는 새로운 곰팡이가 될 씨가 들어 있습니다. 사람들도 우리 세균들도 곰팡이의 꽃을 먹습니다. 사람들이 먹는 쫄깃쫄깃하고 맛있는 버섯이 바로 곰팡이가 피워 올린 꽃이랍니다! 버섯의 갓 안쪽에는 곰팡이씨가 수만 개 매달려 있습니다. 씨가 바람을 타고 어디론가 떠다니다가 축축하고 어두운 땅에 닿기만 하면 새로운 곰팡이가 태어나지요.

어떤 곰팡이는 독버섯을 피워 올립니다. 곰팡이의 씨가 날아가기도 전에 동물들이 버섯을 먹어 버리지 못하도록 곰팡이들이 꾀를 낸 거지요. 광대버섯은 빨갛고 화려하고 아름답지만 속에 무시무시한 독이 들어 있어요. 화려하고 아름다운 독버섯은 동물들을 유혹하지만 곰팡이들의 경고 표시예요. 먹었다간 죽을 줄 알아! 현명하고 경험 많은 동물이라면 곰팡이의 경고를 무시하지 않습니다. 그래서 독버섯은 대개 다른 동물들에게 뜯어 먹히지 않고 무사히 곰팡이씨를 퍼뜨릴 수 있습니다.

어떤 곰팡이들은 버섯을 만들지 않고 곰팡이씨만 퍼뜨립니다. 붉은빵곰팡이, 푸른곰팡이, 누룩곰팡이는 오래된 음식물에 달라붙어 실 다발을 뻗어 자라다가 실 다발 끝에 곰팡이씨를 수백만 개 만들어 공중으로 날려 보냅니다.

곰팡이의 씨는 어디에나 있습니다. 공기 중에 어디에나 떠다니지요. 썩은 음식이나 퀴퀴하고 지저분한 곳이라면 어디든 내려앉아서 게걸스레 먹어 치울 준비를 하고서 말이에요.

왕도둑 바이러스

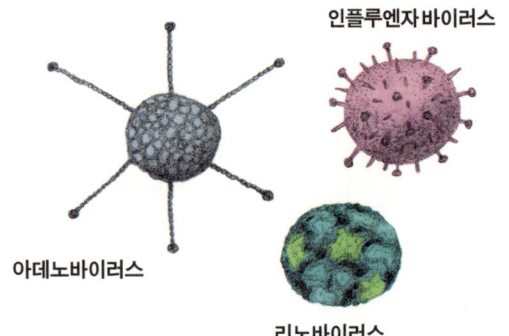

세균과 아메바와 곰팡이가 아무리 괴상하고 요상하다고 해도 바이러스에 비하면 평범하기 그지없습니다. 바이러스는 생물도 아니고 그렇다고 무생물도 아니에요. 바이러스는 어떨 때는 생물 같고 어떨 때는 무생물 같아요. 과학자들도 바이러스를 생물에 넣어야 할지 무생물에 넣어야 할지 고민스러울 정도입니다.

바이러스가 생물이라고 한다면 바이러스는 세상에서 가장 작은 생물이에요. 바이러스는 우리 세균들보다 몸집이 1백만 배나 더 작습니다. 그래서 보통 현미경으로는 보이지 않습니다. 바이러스를 보려면 아주 성능 좋은 전자 현미경이 있어야 하지요. 어떤 바이러스는 작은 행성 탐사선처럼 생겼고, 어떤 바이러스는 뾰족한 침으로 둘러싸인 공처럼 생겼어요.

바이러스는 세상에서 가장 작지만 아주 무시무시합니다. 과학자와 의학자들이 오랫동안 애를 썼지만 아직까지 바이러스를 죽이는 약을 만들지 못했어요. 사람들은 이제 도둑이나 유령보다도 바이러스를 더 무서워합니다. 감기와 독감, 아폴로눈병, 사마귀, 홍역, 천연두, 소아마비, 수두, 광견병, 간염, 뇌염, 뇌수막염, 에이즈, 사스, 조류독감…… 이 모든 병들을 모두 바이러스가 일으킵니다.

그런데 참 이상한 일입니다. 보통 때 바이러스는 조금도 무섭지 않습니다. 바이러스는 돌멩이나 플라스틱처럼 아무 짓도 하지 않지요. **바이러스는 혼자서는 아무것도 할 수 없습니다. 움직이지도 먹지도 숨 쉬지도 못합니다. 그래서 살아 있는 것처럼 보이지도 않습니다.** 바이러스의 몸은 세포로 되어 있지도 않아요. 생물의 몸은 마땅히 세포로 되어 있어야 하는데 말이에요. 사람의 몸은 세포 60조 개로 되어 있고, 우리 세균도 비록 딱 한 개뿐이지만 그래도 세포로 되어 있어요. 그런데 바이러스는 세포도 없이 유전자 조각 약간과 단백질로 된 껍데기뿐이지요. 바이러스의 몸속에는 숨 쉬고, 먹고, 움직이고, 에너지를 만들 수 있는 것이 하나도 없습니다. 바이러스는 아무것도 먹지 않기 때문에 몸도 자라지 않습니다. 그런데 어떻게 이렇게 작고 플라스틱이나 돌멩이와 다를 것 없는 바이러스가 무서운 병을 일으키는 걸까요?

바이러스는 상처가 난 곳이나 입이나 코를 통해 몸속으로 들어갑니다. 바이러스는 혼자서는 움직이지도 못하고, 숨도 쉬지 못하고, 아무것도 할 수 없지만 세포에 닿기만 하면 죽은 시체가 벌떡 일어나듯 부르르 깨어나 슬슬 죽음의 마법을 부리기 시작합니다. 그러고는 눈 깜짝할 사이에 세포를 점령하고 세포가 죽을 때까지 자기 뜻대로 부립니다. 이것을 바이러스에 감염되었다고 합니다. 바이러스는 동물의 몸속에 늘 침입하지만 건강할 때는 바이러스를 이길 수 있습니다. 하지만 몸이 약해지거나 면역력이 떨어지면 쉽게 바이러스에게 굴복하고 말지요.

전염병에 한 번 걸리면 면역력이 생겨서 다시 똑같은 병에 걸리지 않습니다. 그런데 사람들은 해마다 감기에 걸립니다. 그건 감기 바이러스가 걸핏하면 돌연변이를 일으켜서 새로운 모습으로 변신하기 때문이에요. 감기에 걸려 면역이 생겨도 해마다 새로운 감기 바이러스가 침투하기 때문에 몇 번이고 다시 감기에 걸리는 것입니다.

올해 걸린 감기, 작년에 걸린 감기, 재작년에 걸린 감기, 겨울에 걸린 감기, 여름에 걸린 감기, 이 수많은 감기의 범인이 모두 다른 감기 바이러스인 거지요. 날마다 새로운 범인이 새로운 병을 일으키니 과학자들도 의사들도 그 모든 감기를 예방하는 약을 만들 수는 없습니다. 다행히도 감기는 사람들을 잠시 괴롭게 했다가 그럭저럭 지나갑니다. 그래서 사람들은 감기 바이러스가 날마다 돌연변이

세포 속에 바이러스가 들어오면…?

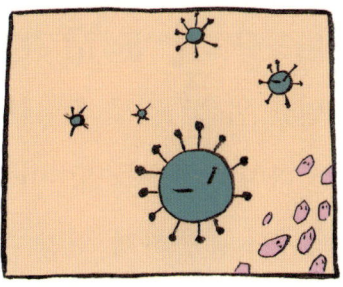

❶ 바이러스는 혼자서는 아무것도 할 수 없습니다.

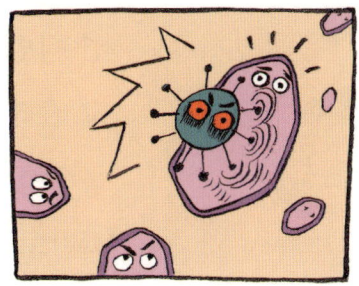

❷ 바이러스는 살아 있는 세포에 닿으면 부르르 깨어납니다.

❸ 바이러스가 세포 속으로 침투합니다.

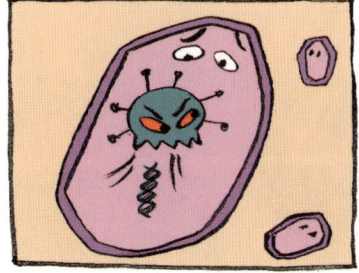

❹ 바이러스는 자기의 유전자를 세포 속에 퍼뜨립니다.

❺ 바이러스에게 공격당한 세포는 자기 할 일을 잊어버리고 바이러스의 유전자를 많이 복제합니다.

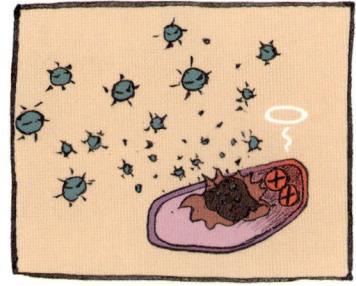

❻ 몇 분이 지나면 세포 속에 새 바이러스가 수백 개 태어납니다.

홍역바이러스

에이즈바이러스

코로나바이러스

를 일으킨다고 해도 크게 겁을 먹지 않습니다. 하지만 돌연변이가 수없이 일어나다 보면 평범한 바이러스가 어느 날 갑자기 무섭고 끔찍한 일을 일으키기도 합니다. 짐승의 몸속에 살던 바이러스가 돌연변이를 일으켜 사람의 몸속에서 활동하게 되면 대개 치료약도 없는 무서운 병이 됩니다.

홍역바이러스는 원래 소와 개의 몸에 살던 바이러스였어요. 에이즈바이러스는 원숭이 몸속에 살았지요. 원숭이가 살던 밀림과 숲이 개발되고 그곳에 사람이 살기 시작하면서 바이러스가 사람에게 옮겨 갔습니다. 몇 해 전에는 사스(중증급성호흡기증후군) 때문에 사람들이 공포에 휩싸였지요. 사스를 일으키는 코로나바이러스는 원래 개나 고양이나 쥐의 몸속에 사는 평범한 바이러스였습니다. 1970년 독일에서 개들이 한꺼번에 설사병을 일으켰을 때 발견됐는데, 처음에는 짐승들에게 가벼운 설사병만 일으켰어요. 그런데 어느 날 갑자기 이 평범한 바이러스가 마치 미친 것처럼 돌연변이를 일으켜서는 사람들을 병에 걸리게 했지요.

앞으로는 에이즈나 사스처럼 무서운 병이 자꾸 생길지 모릅니다. 사람들이 숲을 없애고 농약을 뿌리고 옛날에는 없던 이상한 화학 물질을 자꾸 만들어 내니까 바이러스도 질 수 없다 하고 변신에 변신을 거듭해 희한한 변종들이 계속해서 생겨나고 있습니다.

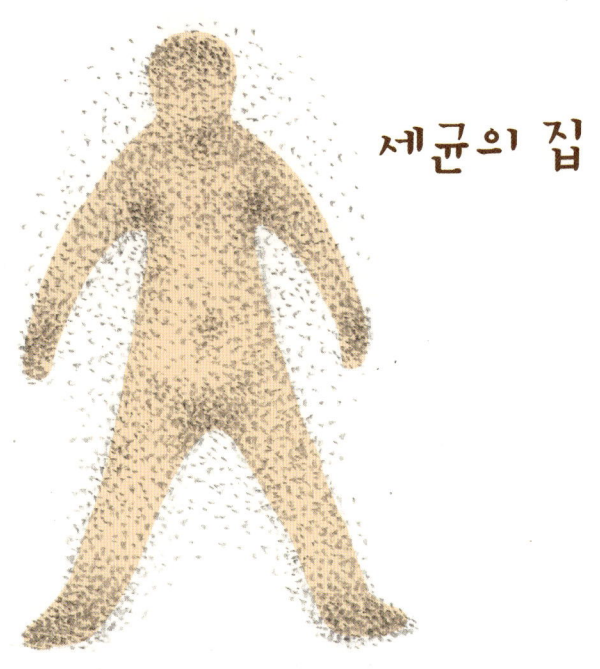

세균의 집

　우리 세균은 사람들의 몸을 아주 좋아합니다. 몸은 세균이 한번 자리 잡으면 절대로 나가기 싫을 만큼 살기 좋은 집이지요. 적당하게 따뜻하고 적당하게 물기가 있고 세균이 먹을 만한 것이 가득하니까요. 그래서 세균은 틈만 나면 몸에 들어가려고 벼르고 있습니다.
　눈을 크게 뜨고 여러분의 몸을 자세히 살펴보세요. 여러분의 눈이 현미경이라면 몸 여기저기에 붙어 있는 우리 세균들을 볼 수 있을 것입니다. 만약 여러분의 살갗이 거울처럼 매끈하다면 세균이 아무리 조그맣다고 해도 붙어 살기 어렵겠지만 사람의 살갗은 울퉁불퉁하고 쪼글쪼글하고 곳곳에 털이 박혀 있고 기름샘과 땀샘이 있습니다. 땀이나 기름이 말라붙고 먼지와 죽은 세포들이 똘똘 뭉쳐 떼가 되기 때문에 우리 세균들이 자리 잡고 살기에 딱 좋지요. 피부와 머리, 겨드랑이와 발가락, 똥구멍…… 사람의 몸 어디에나 세균이 있습니다. 여러분 가운데 가장 깨끗한 아이라도 몸에는 세균이 가득하답니다.

물론 우리 세균이 병을 일으킬 때도 있지요. 하지만 도리어 사람들을 지켜주기도 합니다. 세균은 사람의 몸에서 떨어지는 부스러기를 먹고 그 보답으로 음식물을 소화시켜 주고, 비타민도 만들어 줍니다. 그리고 나쁜 병균과 잘 싸우도록 도와주기도 하지요.

사람의 몸에는 세균들이 득실득실 살고 있지만 아직 태어나지 않은 아기한테는 세균이 한 마리도 없습니다. 그러나 아기가 세상에 태어나면 곳곳에서 세균들이 나타나 처음으로 아기 몸에 달라붙지요. 세상에는 세균이 얼마든지 많이 있습니다. 아기가 엄마 몸에서 나오는 길에, 침대보에, 공기 속에, 엄마의 젖꼭지와 아빠의 손에도! 이 모든 곳에 세균이 숨어 있다가 잽싸게 아기의 몸에 달라붙지요.

아기는 맨 처음 유산균을 만납니다. 아기가 엄마 몸에서 나오는 길에는 유산균이 득실득실 살고 있어서 세상에 나오려면 아기는 유산균을 듬뿍 묻힐 수밖에 없습니다. 하지만 유산균은 몸을 깨끗하게 청소하고 소화를 도와주고 젖산을 내어 나쁜 병균을 무찔러 줍니다. 어쩌면 유산균은 이제 막 세상으로 나오는 아기에게 하느님이 주는 특별한 선물인지도 모릅니다. 아기가 해로운 병균들을 잘 이기라고 말이에요. 세균은 아기가 자라날 동안 점점 더 많이 아기의 몸속에 둥지를 틉니다. 아기는 자기 몸에 살고 있는 세균과 함께 사이좋게 자라나지요.

여러분의 머리와 겨드랑이에는 손톱만 한 넓이에 세균이 30만 마리도 넘게 살고 있습니다. 종아리나 팔뚝에는 3천 마리가 넘게 살고 있지요. 겨우 손톱만 한 넓이에 이렇게 많이 살고 있는데, 몸 전체에는 세균이 도대체 얼마나 많이 살고 있을까요? 그것을 계산하기란 쉽지 않지만 대략 사람의 몸에는 세균이 100조 마리도 넘게 살고 있습니다! 이보다 더 많은 사람도 있고 더 적은 사람도 있지만 몸에 세균이 없는 사람은 하나도 없습니다.

몸 이곳저곳에는 세균과 곰팡이와 작은 벌레들이 흩어져 살고 있어요. 포도상구균, 미크로코쿠스, 코리네박테리아는 피부에 사는 세균입니다. 프로피오니박테리아는 얼굴에 살고 있습니다. 머리카락 속에는 머릿니가 살고 있고 속눈썹 밑에는 속눈썹 진드기가 있어요. 그런데도 사람들은 속눈썹 진드기가 거기 있다는 것을 꿈에도 모릅니다. 속눈썹 진드기는 거미의 먼 친척이에요. 몸집은 아주

우리 몸에 살고 있는 미생물 군단

프로피오니박테리아
얼굴에 달라붙어 피지를 먹고 살아요. 프로피오니박테리아가 번성하면 여드름이 생겨요.

머릿니
튼튼한 발톱으로 머리카락에 꽉 달라붙어 살아요.

옴진드기
피부 바로 밑에 구멍을 뚫고 땀과 영양분을 먹고 살아요. 옴진드기가 피부 위를 돌아다니면 몹시 가려워요.

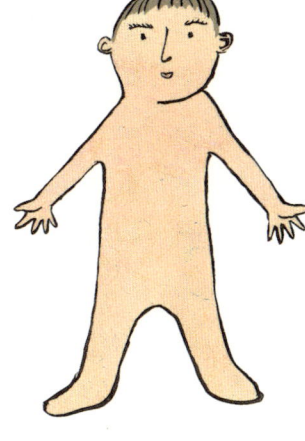

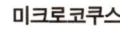

코리네박테리아
겨드랑이 털 속에 살면서 땀과 분비물을 먹고 땀 냄새도 만들어 주위에 풍겨요.

포도상구균
보통 때는 콧속에서 살지만 피부 이곳저곳으로 흩어지기도 해요. 포도알처럼 둥글둥글 모여 있어서 포도상구균이라고 불러요.

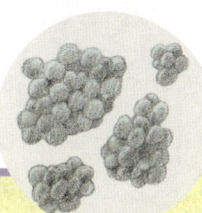

미크로코쿠스
발가락과 발바닥 각질에 구멍을 뚫고 살아요. 발에 땀이 날 때 번성해서 심한 발 냄새를 풍겨요.

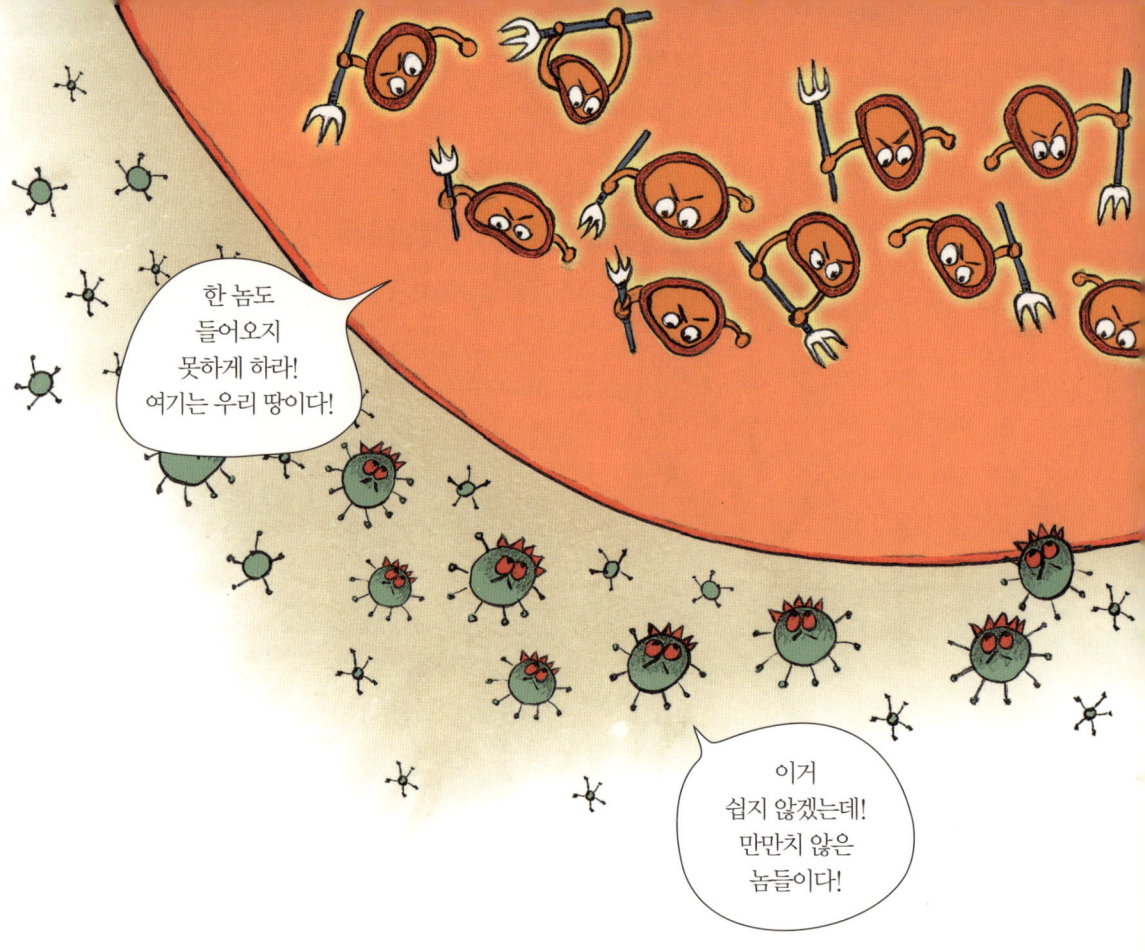

작아도 거미처럼 다리가 여덟 개 있고 몸통이 소시지처럼 생겼어요. 속눈썹 진드기는 말썽을 피우지 않지만 옴진드기는 조금 말썽을 피웁니다. 옴진드기는 손목과 겨드랑이 피부 바로 밑에 구멍을 뚫고 살면서 피부를 가렵게 해요.

물론 세균과 곰팡이와 작은 벌레들이 말썽을 피울 때도 있지만 보통은 우리 세균들이 사람 몸에 살고 있기만 해도 사람에게는 좋은 일이 일어납니다. 알고 보면 사람을 병들게 하고 죽게 만드는 세균보다 사람을 도와주는 세균이 훨씬 더 많습니다. 질병을 일으키지만 않는다면 세균이 사람 몸에 많이 살면 살수록 더 좋습니다. 집 안에 사람들이 북적대면 도둑이 들어올 엄두를 못 내는 것처럼 세균이 많이 살면 해로운 병균이 비집고 들어올 틈이 없어지기 때문이에요. 혹시 해로운 병균이 사람 몸에 붙는다고 해도 너무 걱정하지 마세요. 원래부터 살고 있는 세균들 때문에 많이 번성하지 못합니다.

그래서 말인데, 너무 자주 빡빡 씻지 않아도 좋아요. 평생 동안 곰팡이를 연구한 일본의 어느 곰팡이 박사 할머니는 이렇게 말했어요.

"나는 비누칠을 잘 하지 않아요. 목욕도 한 달에 한 번 하지. 그래도 끄떡없다우."

그러니 여러분도 엄마가 너무 자주 씻으라고 하면 이렇게 말씀드려도 좋습니다.

"비누칠을 너무 많이 하거나 항균 제품을 많이 쓰면 우리 몸에 살고 있는 좋은 세균들까지 쓸려 내려가 버려요. 그러면 해로운 병균이 우리 몸에 들어오기 쉽다고요."

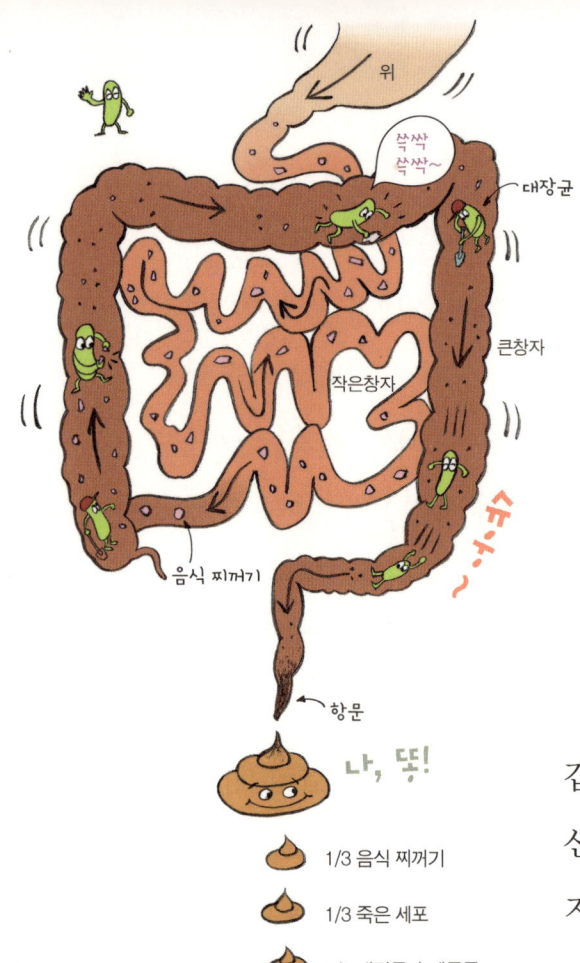

대장균 이야기

　세균은 사람 몸속 깊은 곳에서도 살아갑니다. 코와 입속, 목구멍과 깜깜하고 산소도 거의 없는 배 속, 똥구멍 안쪽까지 세균이 살고 있어요.

　세균에게 사람의 입속은 천국이에요. 입속은 언제나 따뜻하고 물기가 많고 맛있는 음식물 찌꺼기도 가득하니까요. 이빨에는 세균이 300종류나 살고 있어요. 입속에는 병을 일으키는 세균도 있지만 유익한 세균들이 훨씬 더 많습니다. 아기들은 엄마가 보지 못하는 사이에 더러운 것을 많이 먹습니다. 그러고도 아무 탈 없을 때가 있지요. 아기의 혓바닥에 산화질소를 만드는 세균이 살고 있기 때문이에요. 산화질소는 음식에 묻어 들어와 병을 일으키는 세균을 해치워 줍니다.

사람의 몸속 소화 기관에도 세균이 있습니다. 창자에는 세균이 500가지도 넘게 살고 있어요. 창자는 음식물과 물기가 끊임없이 들어오고 사방이 아늑하고 늘 39℃로 따뜻해서 우리 세균들이 아주 좋아하는 곳입니다. 큰창자에는 대장균이 많이 살고 있어요. 대장균은 작은창자에서 다 소화하지 못한 음식을 더 잘게 부수어 주고, 음식 찌꺼기를 분해해서 비타민B와 비타민K와 아미노산을 만들고, 큰창자를 깨끗이 청소합니다. 그런데도 사람들은 대장균을 더럽다고 생각합니다. 음식이나 물에서 대장균이 발견되기만 하면 더럽다고 펄펄 뛰지요. 우리 세균한테는 몹시 섭섭한 일이지요. 사람 몸에 살고 있는 수많은 세균 가운데 병을 일으키는 것은 1%도 되지 않거든요. 대장균 가운데 병을 일으키는 종류는 병원성대장균뿐이에요. 보통 대장균들은 몸에 살면서 좋은 일을 합니다.

대장균은 큰창자 안에서 상상을 뛰어넘을 만큼 빠르게 자라고 불어납니다. 대장균 한 마리가 하루 동안 무려 1,000,000,000,000,000,000,000마리로 불어나지요. 그런데 이렇게 많은 대장균이 다 어디로 갈까요? 그냥 배 속에 있을까요? 대장균이 아무리 작다고 해도 이쯤 되면 배가 빵 하고 터져 버려야 할 거예요. 다행히도 대장균은 매일매일 똥에 섞여 밖으로 나옵니다. 똥을 조사해 보면 3분의 1이 음식물 찌꺼기이고, 3분의 1은 장에서 떨어져 나온 죽은 세포들이고, 나머지 3분의 1이 대장균과 다른 세균들이에요.

　사람들의 배 속은 이렇게 세균이 자손을 엄청나게 불릴 수 있을 만큼 살기 좋은 곳이에요. 그래서 곰팡이도 사람의 몸속에서 함께 살고 싶어 합니다. 사람의 내장은 습하고 따뜻해서 곰팡이가 좋아할 만한 곳인데도 이상하게 곰팡이가 살지 않습니다. 곰팡이는 조금이라도 습기가 있는 곳이면 아무 데나 달라붙어 알루미늄, 플라스틱, 심지어 유리까지 못 쓰게 만들어 버리는데 말이에요.

　100살 된 할아버지라도 병을 앓고 있지 않다면 내장에 곰팡이가 피지 않습니다. 대장균과 유산균과 효모가 사람의 내장 속에 자리를 잡고 살면서 병을 일으키는 세균이 들어오지 못하게 지켜 주기 때문이지요. 하지만 병이 나서 오랫동안 항생제를 먹으면 병을 일으킨 세균뿐만 아니라 몸에 필요한 세균들도 같이 죽어 버립니다. 그 틈에 몸속에 곰팡이가 자리를 잡고 불어나면 곰팡이 병에 걸릴 수 있어요. 곰팡이는 가끔 무서운 병을 일으키는데, 크립토코쿠스증이라는 병에 걸리면 뇌가 곰팡이로 가득 차서 죽게 되고, 폐곰팡이증에 걸리면 폐에 털곰팡이나 누룩곰팡이가 자랍니다. 이제 우리 세균이 사람의 몸속에서 얼마나 좋은 일을 하는지 알겠지요?

　우리 세균들은 사람의 몸속에서 세포들에게 끊임없이 '세포들아, 좀 더 힘을 내.'라고 속삭이고 있습니다. 희한하게도 세포는 세균들과 함께 있을 때 더 잘 자라고 일도 더 열심히 한답니다.

　물론 우리 세균들이 사람을 위해 일부러 그러는 것은 아닙니다. 세균들은 그저 살기 좋은 곳에서 자손을 퍼뜨리고, 먹고, 숨 쉬고, 꼼지락거리며 살 뿐입니다. 덕분에 사람들은 음식을 소화하고 영양분을 얻고 해로운 병균으로부터 몸을 지킬 수 있지요.

　잊지 마세요! 우리 세균 종족은 사람이 없어도 살 수 있지만 사람은 세균이 없으면 살 수 없다는 걸! 여러분의 몸무게의 10분의 1은 세균이 차지하고 있습니다. 여러분의 몸무게가 30kg이라면 그중에 3kg은 세균의 무게예요! 그러니까 사람의 몸에서 진짜는 10분의 9이고 나머지 10분의 1은 세균이지요. 믿을 수 없겠지만 세균과 사람을 합친 것이 바로 여러분입니다..

내 몸무게의 10분의 1은 세균이에요.

4 세균으로 병을 막는다

파스퇴르가 전염병의 비밀을 밝혔어요

루이 파스퇴르(1822~1895)
세균이 병을 일으킨다고 주장하고
예방 접종 원리를 발견했어요.

여러분은 사람이 어떻게 전염병에 걸리는지 알고 있나요? 옛날 사람들은 신이 벌을 내리거나 유령이 습격해서 전염병에 걸린다고 생각했어요. 그래서 전염병이 돌면 사람들은 신에게 제사를 지내거나 멍하니 앉아서 전염병이 물러가기를 기다렸습니다. 전염병에 걸리는 이유를 모르니까 치료할 수도 없었지요.

사람들이 전염병의 비밀을 알게 된 지는 200년도 채 되지 않습니다. 1860년에 루이 파스퇴르가 처음으로 전염병의 비밀을 알아냈어요. 파스퇴르는 보이지 않는 작은 생물들이 보기와 다르게 무시무시한 상대라고 사람들에게 알려 주었습니다.

파스퇴르는 눈에 보이지 않는 작은 생물이 음식을 썩게 만들고, 상처도 썩게 하고, 무시무시한 전염병을 일으킨다고 주장했어요. 심지어 이 작은 생물이 어디에나 있으며 사람들이 날마다 숨 쉬는 공기 속에도 우글우글 숨어 있다고 말이에요. 사람들은 파스퇴르의 이야기를 듣고 몹시 놀라 벌벌 떨었습니다. 하지만 파스퇴르는 이 작은 생물과 싸우는 방법도 함께 알아냈습니다.

이쯤이면 이 작은 생물이 바로 우리 세균 종족이라는 걸 여러분도 눈치챘겠지요? 파스퇴르가 아니었다면 우리는 좀 더 느긋하게 살 수 있었을지도 모릅니다.

루이 파스퇴르는 1822년에 프랑스의 작은 시골 마을에서 태어났습니다. 파스퇴르의 아버지는 짐승의 털가죽을 손질해서 쓸모 있는 가죽으로 만드는 일을 했습니다. 이런 일을 하는 사람을 무두장이라고 부르지요. 파스퇴르의 아버지는 누구보다 솜씨 좋게 짐승 가죽을 손질할 수 있었지만 가죽을 왜 꼭 소금에 절이고, 왜 꼭 떡갈나무 껍질로 덮어서 말리는지는 한 번도 생각해 본 적이 없었어요. 하지만 파스퇴르는 이것은 왜 이렇게 하고 저것은 왜 저렇게 하는지 아버지를 쫓아다니며 시시콜콜 물었습니다. 선생님도 파스퇴르가 질문을 너무 많이 해서 수업을 방해한다고 귀찮아했습니다. 파스퇴르는 모든 일을 느리게 했습니다. 그림도 꼴찌로 그렸고, 글씨도 너무 느리

파스퇴르의 아버지는 무두장이였습니다.

파스퇴르는 가죽이 어떻게 쓸모 있게 변하는지 궁금했습니다.

게 썼고, 덧셈 곱셈도 틀리지는 않았지만 문제를 푸는 시간이 너무 오래 걸렸습니다. 그래서 선생님은 처음에 파스퇴르가 좀 모자란 아이라고 생각했어요. 하지만 파스퇴르는 학생들 가운데 가장 끈기가 있었습니다. 파스퇴르는 궁금한 것을 포기하지 않고 끝까지 이해하려고 했어요. 파스퇴르는 공부를 점점 잘하게 되었고 좋아하게 되었어요. 그리고 훗날 과학자가 되었지요.

처음에 파스퇴르는 우리 세균 종족과 우리 조그만 친척들에 대해 알지 못했습니다. 1856년 파스퇴르는 대학교에서 학생들을 가르치고 있었습니다. 어느 날 비고라는 사람이 울상을 하고 파스퇴르를

어느 날 파스퇴르에게 농부가 찾아와 도움을 청했습니다.

파스퇴르는 술통 안에서 무슨 일이 일어나는지 연구했습니다.

찾아왔습니다.

"선생님, 도와주세요. 저는 사탕무로 술을 만드는 공장을 하고 있는데 술이 자꾸 상해서 공장이 망하게 되었습니다."

파스퇴르는 비고를 도와주기로 했습니다. 파스퇴르는 먼저 비고의 공장에서 술을 가져다가 잘 익은 술과 썩은 술이 무엇이 다른가 현미경으로 유심히 관찰했습니다. 잘 익은 술에서는 작고 둥근 물체가 보였습니다. 썩어 가는 술에서는 막대 모양의 물체가 많이 보였어요. 둘 다 처음 보는 것이었어요. 작고 둥근 물체나 작은 막대 모양의 물체나 모두 술통 속에서 꿈틀꿈틀 움직이고 있었습니다. 도대체 이것들이 무엇일까? 파스퇴르는 그것들을 더 자세히 관찰해 보기로 했습니다. 술통 속에서 꼼지락하는 것들은 먹고 자라고 엄청난 속도로 자손을 퍼뜨렸어요. 그렇다면 쓰레기나 먼지는 분명히 아닐 것입니다.

사람들은 늘 마시는 술 안에 조그만 생물이 살고 있을 거라고는 생각하지 못했어요. 파스퇴르는 끈질기게 관찰해서 마침내 비고의 술통에서 무슨 일이 일어났는지 밝혀냈습니다.

비고는 몰랐겠지만 싱싱한 과일을 따서 효모와 함께 오랫동안 통 속에 넣어 두면 작고 둥글게 생긴 효모들이 푸짐한 과일즙 통에서 부지런히 과일즙을 먹어 치우면서 알코올을 내어 맛있는 술을 만들어 냈어요.(오래전부터 사람들은 술을 만들 때 과일과 함께 효모를 넣었는데, 이유를 정확히 모르면서도 선조들이 가르쳐 준 대로 술을 담갔습니다.) 파스퇴르는 시어 버린 술통 속에서 작고 동글동글한 효모가 아니라 막대같이 생기고 꼬물꼬물 움직이는 이상한 것도 발견했습니다. 이 조그만 생물들이 멀쩡한 과일즙을

파스퇴르는 잘 익은 술에서 살아 있는 효모를 발견했습니다.(효모는 곰팡이의 한 종류예요.)

시게 하거나 상하게 만들었지요.

"아하! 과일즙이 맛있는 술이 되는 것도 과일즙이 썩는 것도 모두 이 녀석들 때문이야! 이놈들이 과일즙이나 음식에 들어가 살기 때문이라고!"

파스퇴르는 무척이나 기뻐했습니다. 눈에 보이지 않는 작은 생물들이 희한한 마술을 부린다는 사실을 처음으로 알아냈으니까요. 그런데 이 조그만 생물들은 그저 살아 있기만 한 것이 아니라 사람들에게 좋은 일도 하고 때로는 나쁜 일도 저질렀지요! 파스퇴르는 걱정이 되었습니다.

'녀석들이 음식을 썩게 만드는 것을 보면 더 나쁜 짓도 할 수 있지 않을까?'

이 무렵 프랑스 시골에서는 누에를 많이 키웠는데, 누에 수백만 마리가 한꺼번에 설사를 하며 죽어 간 일이 있었습니다. 파스퇴르는 눈에 보이지 않는 작은 생물 때문에 누에가 죽었다는 것을 알아냈어요.

'세균이 누에에게 병을 일으킨다면 분명 사람들에게도 병을 일으킬 거야!'

파스퇴르는 점점 더 걱정이 되었습니다.

해마다 수많은 사람들이 이유를 알 수 없는 병으로 죽었어요. 부인들은 아기를 낳다가 죽거나 아기를 무사히 낳고서도 열에 시달리다

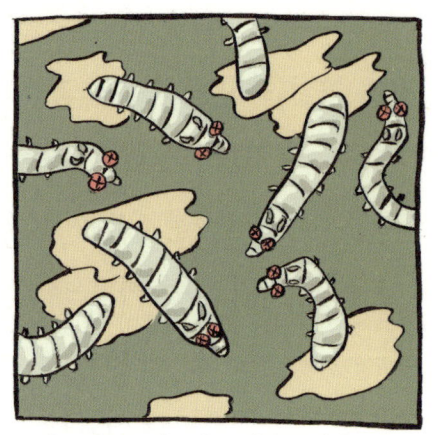
파스퇴르는 세균이 누에를 죽인다고 생각했습니다.

세균이 사람을 죽게 할 수도 있습니다.

가 죽었지요. 군인들도 전쟁터에서 수술을 받다가 죽거나 수술이 무사히 끝났는데도 상처가 썩어 들어가 죽었습니다. 또 마을에 전염병이 돌면 왜 그런 일이 일어났는지 모른 채 수많은 사람들이 죽었어요. 파스퇴르도 두 딸을 무시무시한 전염병으로 잃었어요.

파스퇴르는 세균이 질병을 일으킨다고 확신했습니다.

"세균이 사람이나 동물의 몸속으로 들어가서 병을 일으킵니다!"

파스퇴르가 이렇게 주장하고 다니자 사람들은 비웃었습니다. 눈에 보이지도 않는 작은 세균이 병을 일으킨다는 말에 모두들 콧방귀를 뀌었지요.

파스퇴르는 세균이 병을 일으킨다고 주장했습니다.

파스퇴르는 평생 동안 세균과 싸울 방법을 연구했습니다.

"눈에 보이지도 않을 만큼 작다면서 그런 것들이 어떻게 사람을 쓰러뜨린담! 개미가 코끼리를 죽이는 격이지."

의심 많은 과학자들과 의사들이 이러쿵저러쿵 딴죽을 걸었지만 파스퇴르는 자기가 옳다고 믿었습니다. 그리고 앞으로 무슨 일을 해야 하는지도 분명히 깨달았어요. 파스퇴르는 평생 동안 병을 일으키는 세균을 찾아내고 전염병을 막는 일을 했습니다.

병균으로 병을 막는다니!

파스퇴르는 세균이 전염병을 일으킨다는 것을 알고 괴팍한 사람이 되었습니다. 하루에도 몇 십번씩 손을 씻고, 밥그릇과 숟가락도 먹을 때 마다 소독하고, 사람들과 악수하는 것도 꺼려 했지요. 파스퇴르는 전염병에 대해 계속 연구 했습니다.

한번은 콜레라에 걸린 닭으로 실험을 했습니다. 닭콜레라는 몸이 고무공처럼 부풀어 오르다가 잠에 빠져 덜컥 죽어 버리는

이리 와! 주사 맞자.

무서운 병이었어요. 파스퇴르는 병에 걸린 닭에서 의심 가는 세균을 빼내 잘 길러서 건강한 닭에게 넣어 주었어요. 그때마다 건강한 닭이 병에 걸려 죽었습니다.

어느 날 파스퇴르는 갑자기 먼 데를 다녀올 일이 생겼습니다. 파스퇴르는 며칠 만에 실험실에 돌아왔는데 얼굴이 붉으락푸르락해졌어요. 귀중하게 기른 닭콜레라균이 딱딱하게 굳어 있었기 때문이지요.

"내가 세균을 잘 돌보라고 하지 않았나?"

조수는 그제서야 잘못을 깨닫고 깜짝 놀랐습니다.

어쩌면 그때 파스퇴르는 화를 버럭 내면서, "세균을 못 쓰게 만들다니. 자넨 해고야!"라며 실험 접시를 쓰레기통에 처박아 버렸을 수도 있었을 거예요.

하지만 파스퇴르는 그렇게 하지 않았습니다. 파스퇴르는 조수를 다그치는 대신 딱딱하게 굳어 버린 닭콜레라균을 닭들에게 넣어 보았어요. 그런데 이게 어떻게 된 일일까요? 닭들이 조금 아프다 말고 멀쩡해졌습니다. 어쩌면 닭콜레라균이 딱딱하게 굳어서 힘이 많이

약해졌기 때문일지도 모릅니다. 하지만 며칠 뒤에 진짜 이상한 일이 벌어졌습니다. 이번에 파스퇴르는 그 닭들에게 팔팔하고 힘센 닭 콜레라균을 넣어 보았어요. 콜레라를 일으키는 무서운 세균이 들어갔으니 당연히 닭들이 죽을 것이라고 생각했습니다. 그런데 신기하게도 닭들이 죽지 않았어요! 닭들은 한 마리도 콜레라에 걸리지 않고 건강하기만 했습니다.

파스퇴르는 깜짝 놀랐습니다. 질병을 일으키는 무서운 세균이 몸속에 들어갔는데도 닭들이 멀쩡하다니! 파스퇴르는 여러 번 실험을 되풀이해 보고 확신했습니다. 병을 일으키는 세균으로 도리어 그 병을 막을 수 있다!

병균으로 병을 막는다니 어떻게 그런 일이 일어날까요?

사람의 몸에 병균이 들어오면 백혈구가 우리 몸속의 병균과 전쟁을 벌입니다. 만약에 시들시들 힘이 빠진 약한 병균이 사람 몸속에 들어오면 세포는 항체라는 특별한 단백질을 만들어 병을 이겨 냅니다.

항체는 힘도 세고 기억력도 아주 좋아서 다음번에 똑같은 세균이 다시 쳐들어오면 단번에 알아보고 달려들어 싸우지요. 이것을 면역 반응이라고 부릅니다.

하지만 파스퇴르의 시대에는 과학자들도 항체라는 것이 있는 줄 몰랐고 면역 반응에 대해서도 알지 못했습니다. 파스퇴르는 면역 체

병균으로 어떻게 병을 예방할까요?

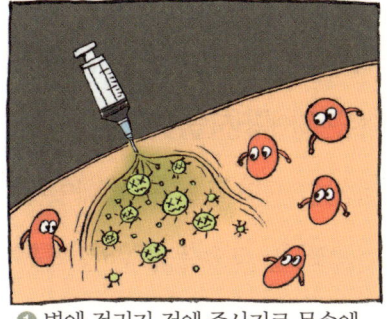

❶ 병에 걸리기 전에 주사기로 몸속에 시들시들한 병균을 넣습니다.

❷ 백혈구가 몸속을 돌아다니다가 병균이 들어온 것을 눈치채고 싸웁니다.

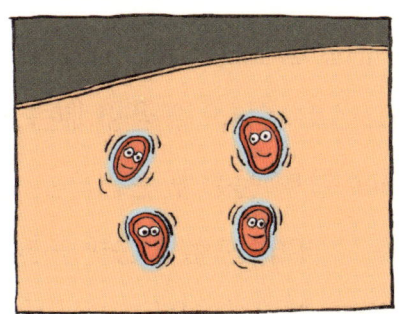

❸ 이제 이 병균을 기억하는 항체가 생겼습니다.

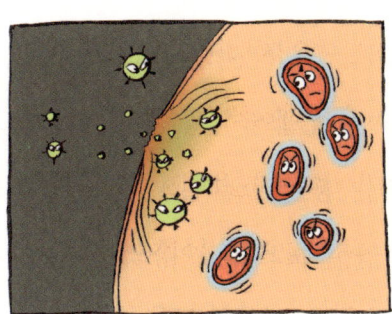

❹ 이번에는 지난번과 똑같고 힘도 센 병균이 진짜로 침입합니다.

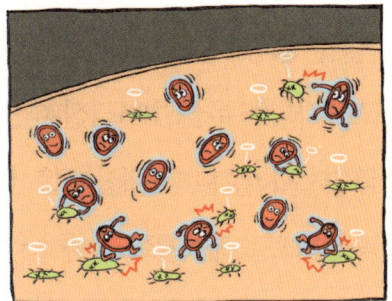

❺ 이 병균을 기억하고 있는 항체가 순식간에 불어나서 병균을 무찌릅니다.

계를 정확히 모르는 채로 어렴풋이 예방 접종의 원리를 발견했어요. 시들시들 힘이 빠진 병균을 몸속에 넣어 주면 몸속에서 세포들이 병균과 싸우다가 힘을 기르게 되고, 나중에 힘센 병균이 들어와도 이겨 낼 수 있다고 말이에요. 파스퇴르는 시들시들 약해진 병균으로 그 병을 막아 주는 약을 만들었습니다.

이 마법의 약은 훗날 백신이라고 불리게 되었습니다. 백신을 주사 대롱에 담아서 미리 맞기만 하면 무서운 전염병을 예방할 수 있지요. 여러분이 예방 주사를 맞을 때 사실은 여러분의 팔뚝으로 시들시들 힘이 빠진 병균이 들어가는 거랍니다. 여러분이 병에 걸리는 것도 병균 때문이고, 병에 걸리지 않게 예방할 수 있는 것도 여러분 몸속에 미리 들어가 있는 병균 덕분이에요.

이 세상에는 무서운 전염병이 많이 있습니다. 전염병마다 병균이 다르기 때문에 서로 다른 백신이 필요하지요. 파스퇴르는 탄저병과 광견병 백신을 발견했습니다. 파스퇴르의 뒤를 이어 과학자들이 백신을 발견하려고 노력했어요. 과학자들은 전염병 환자의 시체를 해부하고, 사람들이 토하고 설사한 오물을 조사하고 심지어 삼키기도 했습니다. 때로는 백신을 찾으려다가 병균에 감염되어 목숨을 잃었지요. 콜레라, 장티푸스, 디프테리아, 소아마비, 홍역, 풍진, 볼거리, 천연두…… 이 모든 무서운 전염병들을 과학자들이 발견한 백신

덕분에 예방할 수 있게 되었어요. 수많은 아이들이 어렸을 때 이 예방 주사를 맞고 무서운 전염병에 걸리지 않게 되었습니다.

곰팡이 약국이 생겼어요

파스퇴르가 예방 접종을 발견하기는 했지만 예방 주사를 맞기도 전에 병이 걸리면 아무 소용이 없었어요. 병에 걸려 버린 다음에는 세균과 싸울 방법이 없었지요. 그런데 플레밍이라는 과학자가 우리 세균 종족과 맞서 싸우는 방법을 우연히 발견하게 되었습니다.

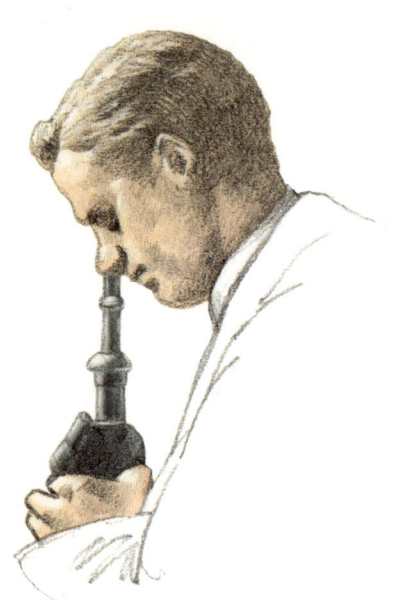

알렉산더 플레밍(1886~1955)
곰팡이가 세균을 죽인다는 사실을 발견했어요.

1928년, 신출내기 의사 플레밍은 런던의 성 마리아 병원 연구실에서 일하고 있었습니다. 플레밍은 환자의 몸에서 나온 고름을 실험 접시에 담아 놓고 세균을 키우는 일을 맡아 했습니다. 그리고 실험 접시에 독한 화학 약품을 뿌리면 세균에게 무슨 일이 일어나는지 연구했지요.

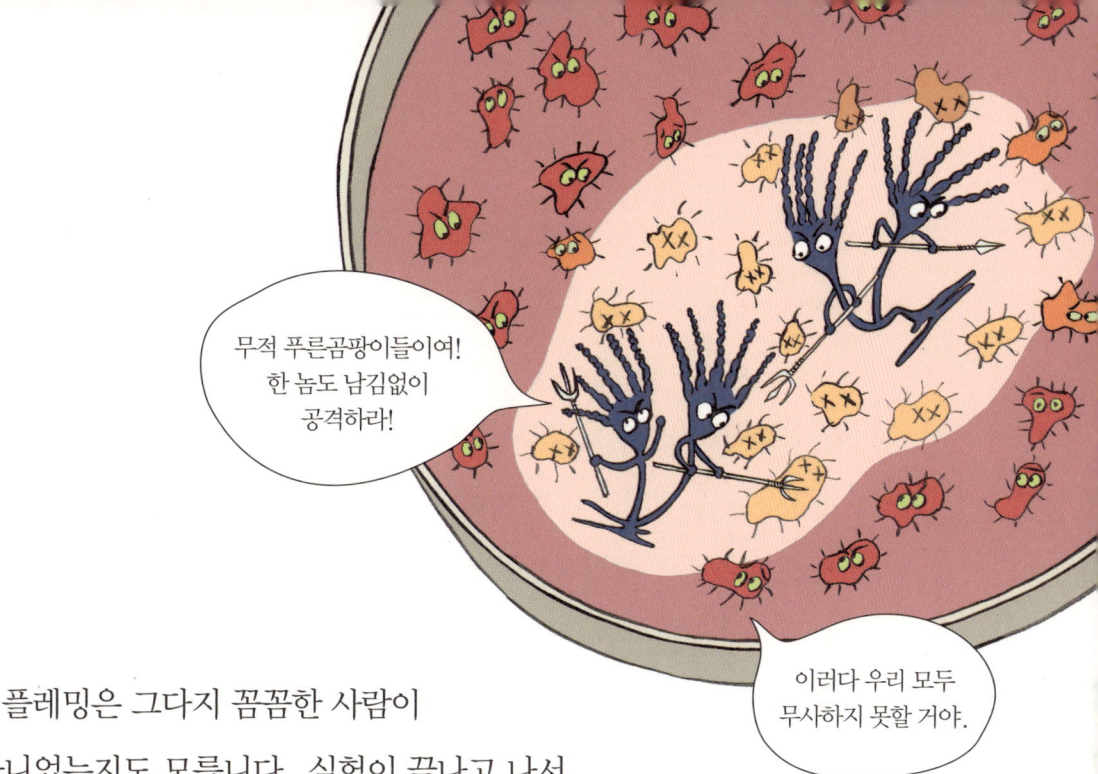

　플레밍은 그다지 꼼꼼한 사람이 아니었는지도 모릅니다. 실험이 끝나고 나서 접시를 깨끗이 청소하지 않고 집에 가는 일이 많았으니까요. 그날도 플레밍은 실험 접시를 청소하지 않고 집으로 갔습니다. 실험 접시를 거들떠보지도 않은 채로 며칠이 지났어요. 그런데 자그마한 사건이 일어났습니다. 신문이나 뉴스에는 결코 나지 않을 아주 사소한 사건이었어요. 공기 중에 떠다니던 곰팡이가 살포시 실험 접시 위에 떨어져 내린 거예요. 물론 아무도 이 사실을 몰랐습니다.

　플레밍은 며칠 만에야 실험 접시를 발견하고 눈이 휘둥그레졌어요. 실험 접시에는 곰팡이가 자라고 있었는데, 어찌 된 영문인지 곰팡이 주변에서 세균들이 죽어 있었습니다. 도대체 곰팡이가 무슨 일을 저지른 걸까요? 곰팡이가 세균을 잡아먹은 걸까요?

플레밍은 곰팡이를 살살 긁어내어 살펴보았습니다. 그것은 페니실리움이라고 불리는 평범한 푸른곰팡이였습니다. 푸른곰팡이가 독한 즙을 뿜어내어 세균들을 죽이고 있었지요. 플레밍은 가슴이 두근거리고 심장이 뛰었어요. 의사라면 누구나 세균을 죽일 수 있는 방법을 발견하기 원했지만 사람에게 해를 끼치지 않고 세균만 골라 죽이는 방법은 아무도 발견하지 못했어요. 플레밍은 음식을 썩게 만드는 흔하디흔한 곰팡이가 세균을 죽인 것을 보고 곰팡이로 약을 만들 수 있지 않을까 생각했습니다. 하지만 플레밍이 발견한 곰팡이는 사람의 몸에 있는 병균들을 죽일 만큼 강하지 못했습니다. 훗날 다른 과학자들이 푸른곰팡이에 여러 가지 화학 약품을 넣어서 곰팡이의 힘을 몇 배로 강하게 만들었어요. 그렇게 만들어진 슈퍼 푸른곰팡이는 병균을 간단하게 죽일 수 있는 훨씬 독한 즙을 만들어 냈습니다. 이 약이 바로 페니실린 항생제입니다.

페니실린은 세균의 세포벽을 공격해서 파괴합니다. 몸을 보호해

주는 세포벽이 파괴되면 우리 세균들은 죽고 말지요. 사람의 세포에는 세포벽이 없기 때문에 페니실린은 사람에게는 해를 끼치지 않습니다. 페니실린은 세균만 골라서 죽이지요. 이렇게 억울할 데가! 하지만 항생제를 쓰면 몸속의 유익한 세균들도 같이 죽는단 말씀!

어쨌든 페니실린은 세균에 감염되어 죽어 가는 수많은 사람들의 목숨을 구했습니다. 제약 회사들은 곳곳에 곰팡이 약국을 만들고, 곰팡이를 키우고, 항생 물질을 뽑아내 항생제를 만들었습니다. 하지만 페니실린이 우리 세균들을 몽땅 죽이지는 못합니다. 오랫동안 과학자들은 더 강한 항생 물질을 만드는 곰팡이를 찾아서 온 세상을 헤매고 다녔습니다. 어떤 곰팡이는 바닷가 하수구에서 찾아냈고, 어떤 곰팡이는 닭똥이 굴러다니는 닭장 안에서 찾아냈어요. 과학자들은 곰팡이 말고도 몇몇 세균에서도 항생 물질을 뽑아냈습니다. 지금은 페니실린 말고도 여러 가지 항생제가 많이 있습니다.

여러분이 만약 눈병에 걸리거나 몸속에 염증이 생기거나 못에 찔리거나 큰 상처가 나서 의사 선생님을 찾아가면, 의사 선생님은 여러분을 안심시키고 항생제 주사를 한 대 놓지요. 여러분이 상처를 건드리지만 않는다면 보통은 거뜬히 낫습니다.

세상에는 플레밍이 '우연히' 항생제를 발견했다며 플레밍의 발견을

깎아내리는 사람도 있습니다. 어쩌면 곰팡이가 플레밍의 실험 접시 위에 떨어져 내린 것은 우연일지도 모릅니다. 하지만 페니실리움은 공기 중에 둥둥 떠다니는 평범하고 흔한 곰팡이일 뿐이고, 다른 과학자의 실험 접시 위에 떨어지지 말란 법도 없지요. 그런데 플레밍은 실험 접시에 뭔가 특별하고도 대단한 일이 일어났다는 것을 알아보았던 겁니다.

플레밍과 페니실린 덕분에 과학자들은 수많은 항생제를 발견했습니다. 사람들은 잠시 동안 전염병을 정복한 것처럼 보였어요. 그리고 그렇게 만든 항생제를 몇 십 년 동안 만병통치약처럼 썼습니다. 그동안 수많은 세균들이 죽었습니다. 하지만 어떤 세균은 항생제에도 끄떡하지 않고 살아남았습니다. 세균 십만 마리 중에 한 마리쯤은 항생제에도 견딜 수 있는 유전자를 갖고 태어나지요. 이 세균이 살아남아 자손을 퍼뜨리면 항생제에 끄떡없는 세균들이 번성합니다. 지금도 항생제에 내성이 생긴 새로운 세균들이 끝없이 생겨나고 있습니다. 이런 세균을 슈퍼 세균이라며 사람들은 무서워하고 있습니다.

과학자들은 언젠가는 과학이 질병을 정복할 수 있을 거라고 믿습니다. 하지만 그렇지 않다고 생각하는 과학자도 있습니다. 병을 일으키는 세균과 병을 물리치는 약을 개발하는 과학자 가운데 결국 어

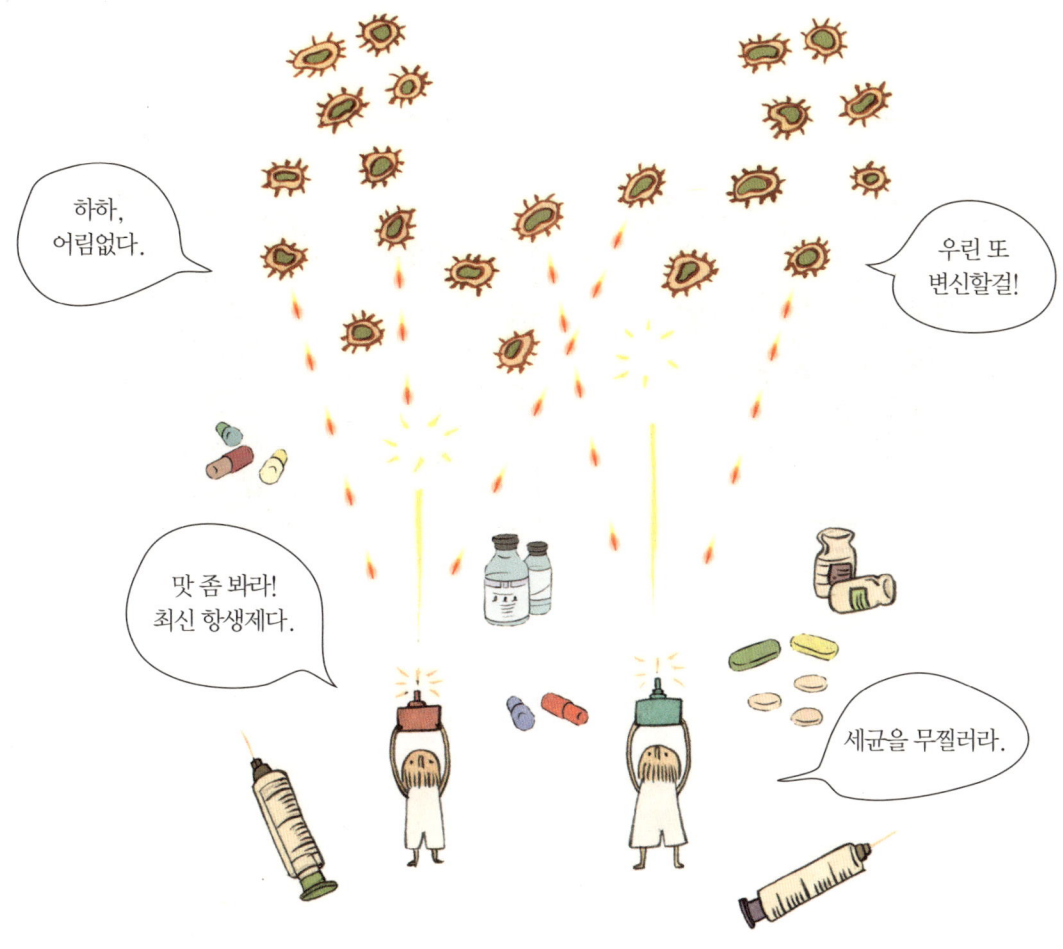

느 쪽이 이기게 될까요?

  어쩌면 어느 한쪽이 완전히 이기는 일은 영원히 없을지도 모릅니다. 왜냐하면 우리 세균은 그 수가 너무 많고, 종류도 다양하고, 모두 변신의 천재들이라서 과학자들이 항생제를 만들기 무섭게 항생제에 견딜 수 있는 새로운 유전자를 만들어 낼 테니까요.

미생물은 지구의 정원사예요 5

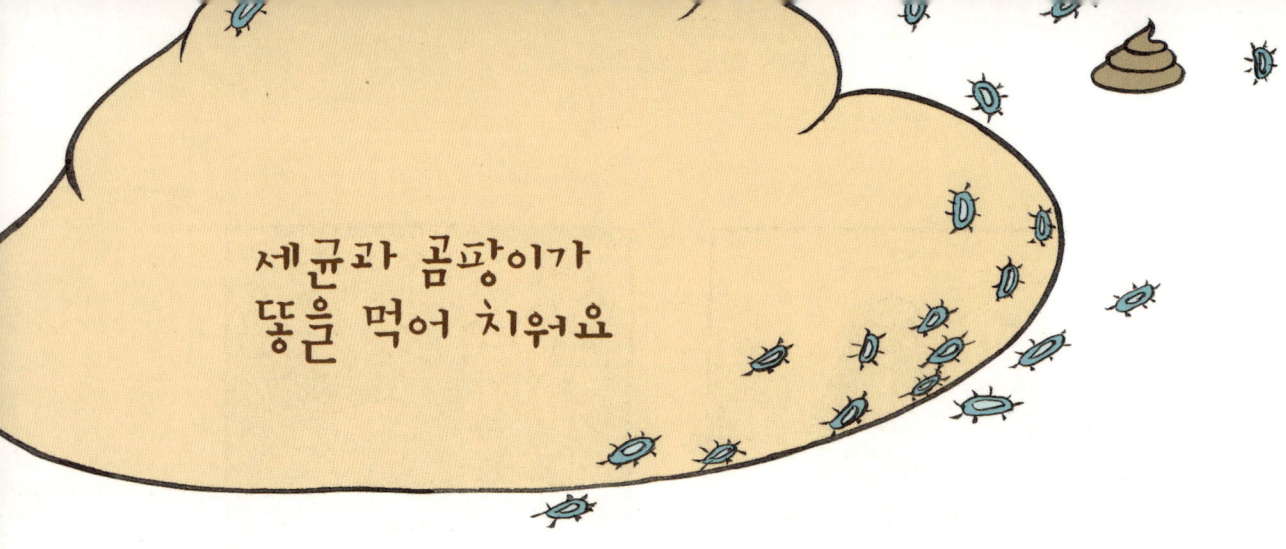

세균과 곰팡이가 똥을 먹어 치워요

우리 세균들과 아메바와 짚신벌레와 곰팡이 종족은 사람에게 좋은 일도 하고 나쁜 일도 하면서 사람들과 함께 살고 있어요. 여러 가지 병을 일으키고, 산소를 만들고, 동물들의 먹이가 되지요. 하지만 이것뿐이라면 우리는 이 이야기의 주인공이 되지 못했을 거예요.

우리 세균들과 우리의 조그만 친척들은 너무나 작고 보이지도 않아 오랫동안 이 세계에 있는지조차 몰랐지만 수많은 식물과 동물, 그리고 지구를 위해 엄청나게 중요한 일을 했습니다. 우리들이 지구를 위해 무슨 일을 하냐고요? 똥 한 덩어리로 그 비밀을 한번 알아볼까요?

농부 아저씨의 뒷간에 똥 한 덩어리가 떨어졌다고 상상해 봅시다. 그 속에는 벌써 다른 똥들이 차곡차곡 쌓여 있지요. 며칠 뒤 농부 아저씨는 똥을 모두 커다란 구덩이로 옮겼습니다. 농부 아저씨가 파 놓은 구덩이에는 식구들의 똥으로도 모자라 동네 사람들 똥까지 다

모여 있어요. 석 달쯤 지난 뒤에 농부 아저씨는 풀과 지푸라기를 태워서 얻은 재와 흙을 똥과 함께 섞습니다. 흙 속에는 세균과 곰팡이들이 수없이 많이 살고 있어요. 흙 1g 속에 세균이 무려 1억 마리나 살고 있지요. 세균과 곰팡이들은 무시무시한 속도로 똥을 먹어 치웁니다. 우리에게는 이보다 더 맛있는 밥이 없지요. 만약 과학자 아저씨가 이 사건을 중개하는 아나운서라면 이렇게 말할지도 모릅니다.

"네, 지금 똥이 점점 해체되고 있습니다. 작게, 작게, 점점 더 작게…… 세균과 곰팡이들이 똥을 분해하는 효소를 점점 더 많이 내보내고 있습니다."

드디어 똥이 귀한 거름으로 변했습니다! 지독한 냄새도 사라졌습니다. 아직도 냄새가 조금 남아 있지만 똥 냄새라기보다는 치즈 냄새와 비슷합니다. 똥은 이제 작게 작게 분해되어 이산화 탄소와 물, 그리고 질소, 황, 인, 마그네슘, 칼륨, 칼슘 같은 무기물이 되었습니다.

여러분은 무엇이 썩는다는 말을 잘 알고 있을 거예요. 지독한 냄새가 나고 색깔이 변하고 기분 나쁘게 물컹물컹해지는 것 말이에요. 하지만 이것은 겉모습일 뿐이에요. 썩는다는 말은 우리 세균과 곰팡이들이 음식과 쓰레기, 동물과 식물의 똥과 시체를 먹어서 잘게 부수어 물과 이산화 탄소와 여러 가지 무기물로 바꾸어 준다는 뜻입니다. 이산화 탄소와 질소, 황, 인, 마그네슘, 칼륨, 칼슘, 철은 원래

쓰레기가 이산화 탄소로 변해서 날아갑니다.

질소, 황, 인, 마그네슘, 칼륨, 칼슘, 철로 쪼개집니다.

물로 변해서 땅속에 스며듭니다.

세균이 쓰레기를 먹어 치웁니다.

부터 자연에 있는 무기물이에요. 지구에 있는 수많은 세균과 곰팡이들이 똥과 쓰레기를 무기물로 분해하여 다시 자연으로 되돌려 보내 주지요. 그래서 과학자들은 우리 세균과 원생생물과 곰팡이 종족을 분해자라고 부릅니다.

식물이 광합성을 하고 뿌리로 물과 영양분을 빨아들일 때, 무기물이 자연에서 맨 먼저 식물의 몸속으로 들어갑니다. 식물의 몸속으로 들어간 무기물을 동물이 먹고 식물과 동물을 사람이 먹지요. 그런 다음 동물과 사람이 음식을 먹고 똥을 누면 세균과 곰팡이가 똥을 분해하여 다시 무기물로 만듭니다. 무기물은 언젠가 또다시 식물의 몸속으로 들어가고 동물과 사람의 몸속으로 들어갔다가 똥으로 나옵니다. 그러면 마지막으로 우리 세균과 곰팡이 종족이 똥을 다시 무기물로 바꾸어 주지요. 이렇게 무기물이 식물과 동물, 세균과 곰팡이의 몸을 통해 자연에서 돌고 도는 것을 생태계의 순환이라고 부릅니다.

이제 여러분은 눈치챘을 거예요. 우리들이 사라지면 지구에 무슨 일이 벌어질지! 시체가 썩지 않고, 음식 쓰레기가 쌓이고, 오염 물질과 폐수가 강과 바다로 흘러가고, 낙엽들이 언제까지나 숲을 뒤덮고, 똥이 엄청나게 쌓이고…… 세상은 온갖 썩지 않은 것들로 넘쳐나서 여러분은 대문 밖으로 한 발짝도 나올 수 없게 되겠지요. 당연히 지구의 생태계도 멈춰 버릴 것입니다. 그러니 지구가 썩지 않고 깨끗하게 유지되고 생태계가 끊어지지 않고 돌고 도는 것도 바로 우리 세균과 곰팡이들 덕분이에요.

이렇게 대단한 일을 하고 있는데도 우리는 조금도 뽐내지 않습니다. 그저 먹이를 발견하면 열심히 먹고 자꾸자꾸 번식할 뿐이지요. 우리는 똥과 쓰레기를 분해하여 열심히 살 뿐이지만 지구에 없어서는 안 될 위대한 일꾼이랍니다.

비료 제조공 뿌리혹박테리아

마지막으로 우리 세균 종족이 하는 위대한 일을 하나 더 알려 드릴까요? 사람과 동물들은 모두 식물을 먹고 살아갑니다. 식물을 직접 먹지 않아도 식물을 먹고 사는 동물들을 먹고 살지요. 그렇다면 식물은 무얼 먹고 살까요? 식물은 다른 생물을 먹지 않고 햇빛과 물과 이산화 탄소를 이용하여 살아갑니다. 그렇지만 식물이 잘 자라려면 거름이 필요해요. 거름 속에는 질소와 황, 인, 칼슘, 철, 마그네슘, 칼륨 같은 우리 세균과 곰팡이가 만들어 준 여러 가지 무기물이 가득 들어 있어요. 식물이 뿌리와 줄기와 잎을 만들려면 이런 영양소가 모두 필요합니다. 식물은 여러 가지 영양소를 물과 함께 뿌리로 빨아들입니다. 하지만 이상하게도 식물은 질소를 직접 빨아들이지 못합니다.(동물도 마찬가지예요.)

질소는 식물과 동물 모두에게 중요한 영양소예요. 질소가 없으면

뿌리혹박테리아가 질소 비료를 만들어 줘요!

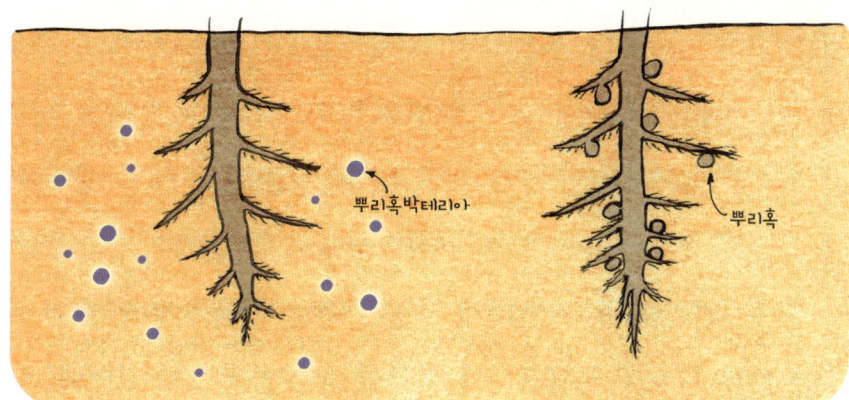

❶ 콩과식물이 뿌리를 통해 화학 물질을 내보내 뿌리혹박테리아를 부릅니다.

❷ 화학 물질의 냄새를 따라 뿌리혹박테리아가 콩과식물의 뿌리로 들어가 혹을 만듭니다.

식물   질소

식물   질산염

❸ 식물이 블록 모양이라고 한다면 질소는 모양이 잘 맞지 않는 공과 같습니다.

❹ 뿌리혹박테리아가 뿌리혹에 살면서 효소를 내어 질소를 식물에 맞는 블록 모양(질산염)으로 바꾸어 줍니다.

❺ 질소의 모양이 식물에게 딱 맞게 바뀌어 식물이 질소를 이용할 수 있습니다.

단백질을 만들 수 없고 단백질이 없으면 생물은 얼마 안 가 죽게 되지요. 여러분 몸에 흐르는 피와 호르몬과 수만 가지 효소도 모두 단백질로 되어 있습니다. 여러분이 콩을 먹어야 하는 것도 그 때문이지요.(콩 속에는 단백질이 아주 많아요.)

단백질을 만들려면 질소가 꼭 필요한데 질소는 공기 속에 많이 있고 흙 속에도 들어 있습니다. 하지만 식물도 동물도 이 질소를 그대로 쓸 수는 없습니다. 지독하게 단단한 껍질에 싸여 있어 아무도 못 먹는 호두를 상상해 보세요. 질소는 마치 단단한 호두 같아요. 그래서 식물이 뿌리로 질소를 빨아들이려면 세균이 꼭 도와주어야 해요.

세균이 질소의 모양을 바꾸어 먹기 좋게 만들어 주면 식물이 뿌리로 질소 비료를 빨아들여서 쑥쑥 자랍니다. 콩과식물은 맛있는 냄새가 나는 화학 물질을 뿌리로 내보내 땅속에 살고 있는 세균을 부릅니다. 그러면 세균들이 냄새를 따라서 콩의 뿌리 안으로 들어가지요. 세균들이 점점 많이 몰려오면 콩의 뿌리 세포가 부풀어 오르고 조그만 혹처럼 변합니다. 이 세균을 특별히 뿌리혹박테리아라고 부르지요. 뿌리혹박테리아는 콩이 질소를 잘 빨아들이도록 요리해 줍니다. 그 대신 콩은 뿌리혹박테리아가 좋아하는 양분을 많이 만들어 뿌리혹 속으로 보내 주지요.

뿌리혹박테리아가 뿌리 안에 세 들어 살고 있으면 콩은 척박한 땅에서도 잘 자랍니다. 완두콩, 강낭콩, 검은콩, 대두, 백태, 돌콩, 땅콩, 토끼풀, 자주개자리…… 수많은 콩과식물이 뿌리혹박테리아와 함께 사이좋게 살아갑니다.

콩은 인심이 아주 좋아서 자기가 쓰고 남은 질소 비료를 땅속에 그대로 남겨 둡니다. 그러면 다른 풀과 나무들이 그 비료를 공짜로 이용하지요. 사람들은 겨우 몇 십 년 전에야 우리 세균들의 일을 흉내 내어 공장에서 질소 비료를 만들어 냈습니다. 덕분에 사람들은 곡식을 엄청나게 수확할 수 있게 되었지요.

올해도 뿌리혹박테리아 덕분에 대풍이네~

탕탕탕!
미생물에게 지구 개척자 상을
수여합니다!

　이제 우리 세균들과 우리의 가까운 친척 아메바와 곰팡이 종족의 이야기가 거의 끝났습니다. 눈에 보이지 않는 작은 생물들을 대표하여 이 오랜 이야기를 들려주면서 우리에 대한 오해를 풀고, 여러분이 모르는 비밀과 진실을 밝히려 꽤 노력했다고 자부합니다.
　38억 년 전, 지구에 살아 꼬물대는 것이 하나도 없었을 때 맨 처음 우리 세균이 세상에 생겨났지요. 영원토록 세균 종족만이 지구에 살아도 좋았을 테지만 우리는 그렇게 하지 않았어요. 세균 종족 가운데 한 무리가 아메바, 짚신벌레, 돌말…… 수없이 많은 생물로 변신했습니다. 그 뒤로 생물이 오래오래 진화하여 곰팡이, 해파리, 바다벌레, 삼엽충, 조개, 물고기, 곤충, 개구리, 고사리, 생쥐, 은행나무, 꽃과 풀이 되었지요. 맨 처음에 세균밖에 없었는데, 지금은 이렇게 다양한 생물들이 지구에 살고 있는 것을 생각하니 먼먼 옛날 변신하고 살아남고 변신하고 또 살아남았던 우리의 조상들이 다시금 존경스러워지는군요.

몹시도 이상한 일이지만, 여러분은 학교에서 생물이 생겨난 순서에 따라 배우지 않고, 훨씬 나중에 생겨난 커다란 생물부터 먼저 배웁니다. 식물과 동물을 배우고, 곰팡이와 아메바를 배우고, 가장 먼저 태어난 세균에 대해서는 맨 꼴지로 배웁니다. 그래요. 동물과 식물은 우리 세균보다 훨씬 크고 마치 그들이 온 지구를 점령해 살고 있는 듯이 보이지요. 사자, 고래, 코끼리, 말, 늑대, 부엉이, 뱀, 소나무는 말할 것도 없고 심지어 개구리와 생쥐와 지렁이만 해도 우리보다 얼마나 엄청나게 큰지! 하지만 덩치만 가지고 잘난 척할 수야 없지요! 우리 세균 종족과 아메바와 곰팡이 종족들이 흙 속에, 지저분한 웅덩이 속에, 쓰레기 위에, 바다 밑에, 도시 곳곳에, 사람들의 몸에 많이 번성하여 살고 있지 않다면 식물과 동물 왕국은 머지않아 마른 모래 탑처럼 와르르 무너져 버릴 것입니다.

우리 세균들은 비록 사람의 눈에 보이지는 않지만 풀과 나무보다도 더 많이 산소를 만들고 더 많이 이산화 탄소를 없애 줍니다. 바다에도 세균들과 작은 원생생물들이 수없이 많이 살고 있어요. 이산화 탄소가 비에 녹아 바다로 떨어지면 바다에 사는 수많은 세균들과 우리의 작은 친척 종족들이 이산화 탄소를 먹어 없애 줍니다. 그리고 죽어서는 바다 밑바닥으로 떨어져 쌓이고 쌓여 오랜 시간이 흐른 뒤에 단단한 바위가 되지요. 우리들이 이산화 탄소의 양을 알맞게 조절해 주지 않으면 이산화 탄소가 하늘을 뒤덮어 지구가 점점 뜨거워질 거예요. 지구가 뜨거워질까 봐 사람들이 얼마나 걱정하고 있는지 여러분도 잘 알고 있겠지요.

우리는 하루도 쉬지 않고 지구를 가꾸고 있어요. 물론 우리 세균 세상에 지구 가꾸기 대회 같은 것은 없습니다. 지구를 가꾸기 위해 억지로 희생하는 세균도 없지요. 하지만 우리가 하루하루 먹고 자고 일하는 것이 지구의 다른 생물들이 잘 살아가도록 도와주는 일인 걸 어떡하겠어요.

비록 우리가 사람들에게 언제나 예의 발랐다고 할 수는 없지만 우리들이 지구를 살기 좋게 가꾸는 것은 틀림없는 사실이에요. 기쁘게도, 공정하고 편견 없는 몇몇 훌륭한 과학자들이 우리 세균과 아메바와 곰팡이 종족을 지구의 정원사라고 불러 주었어요. 과학자들은 우리가 다른 생물들에게 꼭 필요한 흙을 만들어 준다는 놀라운 사실을 알게 되었지요. 이 세상에 정원사가 아무리 많이 있어도 우리 세균처럼 흙을 만들어 내는 기술을 가진 정원사가 또 있을까요? 어쩌면 여러분은 흙이 원래부터 지구에 있었거나 저절로 생기는 걸로 알고 있을지 모릅니다. 하지만 작은 돌멩이와 모래와 진흙이 아무리 많이 쌓여 있어도 이런 것은 진정한 흙이 아닙니다. **곰팡이와 세균들이 깜깜하고 딱딱한 땅속에 우글우글 살면서 돌멩이와 모래를 더 작게 부수고, 똥과 낙엽, 쓰레기와 동물과 식물의 시체를 분해해서 땅속에 영양분을 만들어 주어야 진짜 흙이 되지요.** 이렇게 비옥하고 부드러운 흙에서 식물이 뿌리를 내리고 씨앗이 싹트고, 지렁이, 달팽이, 딱정벌레, 쥐며느리, 선충, 개미, 톡토기, 진드기, 수많은 벌레가 함께 살아갑니다.

우리 세균들은 틈만 나면 지구 곳곳을 개척하고 있어요. 햇빛이라고는 한 줌도 들어오지 않는 깜깜하고 깊은 바닷속, 뜨거운 온천, 짜디짠 소금바다, 건조한 사막, 산소가 없는 곳…… 사람들이 끔찍하게 생각하는 불모지에도 억척같이 눌러 붙어 살고 있지요. 그리고 영양분을 만들어 다른 생물들이 함께 살 수 있게 합니다.

사람들은 이제 조금씩 진실을 알게 되었습니다. 우리 세균이야말로 생태계의 일등 공신이라는 것을 말이에요. 혹시 아직도 이 위대한 진실을 불편하게 생각하는 사람들이 있다면 우리 세균 종족과 아메바와 곰팡이 종족 모두의 자존심을 걸고 분명히 말하겠어요. 여러분이 지구에 몇 십 년 동안 살면서 흙 속에서 무슨 일이 일어나고 있는지, 쓰레기가 썩는다는 것이 무슨 뜻인지, 여러분의 입속에서 배 속에서 피부 위에서 무슨 일이 일어나고 있는지, 어떻게 지구 생태계가 무너지지 않고 돌고 도는지 모른 채 죽게 된다면 정말로 바보스럽고 안타까운 일이라고요.

이제 우리의 이야기가 모두 끝났어요. 이런! 눈물이 찔끔 나려 하는군요. 물론 세균 세계에 눈물이란 없지만 기분이 그렇단 얘기지요. 여러분은 이제 곧 이 책을 덮겠지만 우리를 가끔 떠올려 주세요! 낙엽들이 쌓였다가 어디론가 사라질 때, 예방 주사를 맞을 때, 똥 눌 때, 학교에서 강낭콩을 키울 때, 음식 쓰레기를 버릴 때…… 일 년에 몇 번쯤은 말이에요.

꼬물꼬물 끈적끈적 우글우글! 세균과 세균의 조그만 친척들이 지구에 씩씩하게 살고 있어요. 여러분에게 만약 신나는 일이 하나도 없고 매일매일 아무 일도 일어나지 않아서 지루하고 따분하게 느껴질 때 이렇게 소리 내어 중얼거려 보세요.

"세상에는 신기한 일로 가득 차 있다. 내가 모르는 곳에서 놀라운 일들이 일어나고 있다!"

어때요, 기분이 조금 좋아지지 않나요?

이 책에 나오는 미생물과 과학자들

으하하! 세균대왕

안녕하세요? 나는 세균들의 왕이에요. 오래전 뜨거운 진흙 속에서 태어났지요. 세균 종족과 친척 종족을 대표하여 이 이야기를 썼어요.

시아노박테리아

최초로 광합성을 발명한 종족이에요. 지구에 산소 똥을 내뿜었어요.

세균의 포자

우주를 떠돌아다녀요. 세균이 쪼글쪼글 말라비틀어져 씨처럼 변했어요.

레벤후크

세균 종족을 처음으로 세상에 알렸어요.

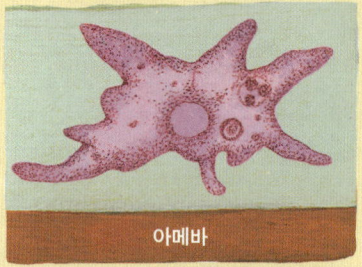

아메바

세균보다 조금 진화한 단세포 종족이에요. 지구에서 두 번째로 오래되었어요.

푸른곰팡이

인간에게 최초로 칭찬받은 곰팡이예요. 과학자 세 명에게 노벨상을 안겨 주었지요.

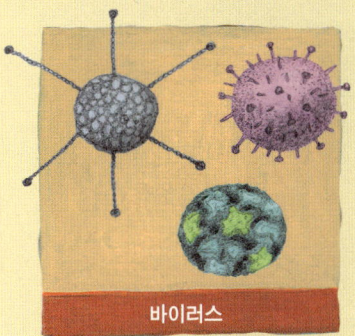
바이러스
생물인지 무생물인지 헷갈리는 괴상한 종족이에요.
세균 종족보다 백만 배나 작아요.

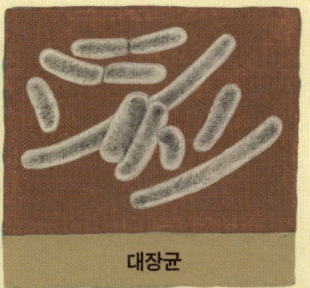
대장균
사람의 배 속에 우글우글 살면서 소화를 도와줘요.
대장균 시체가 똥과 함께 나와요.

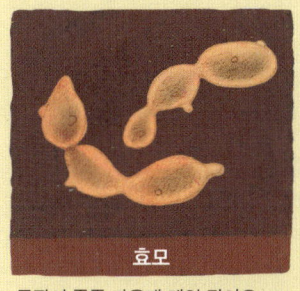
효모
곰팡이 종족 가운데 제일 작아요.
본의 아니게 술독에 빠져서 지내지요.

파스퇴르
우리 세균 종족의 적이에요.
세균이 병을 일으킨다고 주장했지요.

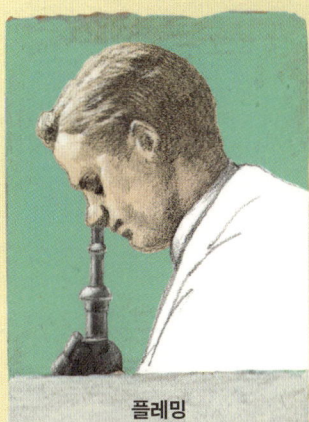
플레밍
곰팡이 덕분에 유명해졌어요.
세균을 죽이는 곰팡이를 발견했어요.

뿌리혹박테리아
콩의 뿌리에 세 들어 살고 있어요.
콩이 쑥쑥 자라도록 도와줘요.

나, 이래봬도 오늘도 지구를 지킨다~